VISUAL DOING

ビジュアル
ドゥーイング

仕事に役立つ、ビジュアル活用ガイド

ウィリーマイン・ブランド｜著

遠藤康子｜訳

VISUAL DOING:
Applying Visual Thinking in Your Day to Day Business
by Willemien Brand

First Published in the Netherlands by BIS Publishers

© 2018 by BIS Publishers and Willemien Brand

Willemien Brand has asserted her right under the Copyright,
Designs, and Patents Act 1988, to be identified as the Author
of this Work.

Translation © 2019 BNN, Inc.

The original edition of this book was designed, produced and
published in 2018 by BIS Publishers under the title
Visual Doing: Applying Visual Thinking in Your Day to Day Business.
Japanese translation published by arrangement with
Laurence King Publishing Ltd through The English Agency (Japan) Ltd.

Printed in Japan

凡例：
本文中には適宜［　］を挿入し、訳注を入れています。
［　］以外の注は原注です。
本文中に記載されている会社名、製品名等は、それぞれ帰属者の商標または商標登録です。
なお本文中では®、™マークは省略しています。

VISUAL DOING

Applying Visual Thinking in your day-to-day business

Willemien Brand

VISUAL DOING
本書のロードマップ

2

2.1 ｜ ビジュアルを準備する
2.2 ｜ メタファー
2.3 ｜ 構図と統一感
2.4 ｜ 視覚的な序列（ビジュアルヒエラルキー）
2.5 ｜ フレームとコネクタ
2.6 ｜ 明快でわかりやすいビジュアル
2.7 ｜ ビジュアルの描き方

4

4.1 ｜ 自分を表現する
4.2 ｜ 広い視野から見たME（わたし）
4.3 ｜ ビジュアルノートテイキング
4.4 ｜ 心を通わせる話し合い
4.5 ｜ 視覚的に整理する
4.6 ｜ 問題を視覚的に解決する

3

3.1 ｜ タイポグラフィー
3.2 ｜ 絵を分解してみよう
3.3 ｜ 人物や動作を描く
3.4 ｜ 組み合わせる
3.5 ｜ ビジュアルボキャブラリー
3.6 ｜ ビジュアルのアイデア

5

5.1 ｜ 創造力を刺激する
5.2 ｜ ビジュアルブレインストーミング
5.3 ｜ アイデアの収集と組み立て
5.4 ｜ 取捨選択
5.5 ｜ チームパフォーマンス
5.6 ｜ チームのビジョンポスター
5.7 ｜ ロードマップ
5.8 ｜「現在の姿（AS-IS）」と「将来の姿（TO-BE）」（ペルソナ）

1

本書の構成
ビジュアルシンキング vs. ビジュアルドゥーイング
どうすればいいの？
どうして視覚化するの？
筆記具

6.1 | 仕事に対する姿勢を改革する
6.2 | 主体性を持って計画を立てる
6.3 | 組織の戦略に対する理解を広める
6.4 | 働き方を変えれば組織も変わる

7.1 | TIPS
7.2 | 著者について
7.3 | 本書執筆における立役者たち
7.4 | 本書ができあがるまで

CONTENTS

1. ビジュアルドゥーイングの大切さ 009

本書の構成／ビジュアルシンキング vs. ビジュアルドゥーイング／
どうすればいいの？／どうして視覚化するの？／筆記具

2. ワンランク上の基本スキル 019

2.1 ビジュアルを準備する 020
はじめのはじめ／内容を整理する／土台となるプランを決める

2.2 メタファー 025
メタファーの効果／メタファーの見つけ方／メタファーのアイデア

2.3 構図と統一感 036
構図／統一感

2.4 視覚的な序列 040
視線を引きつける焦点／話したり書いたりするように／
視覚的な序列を打ち立てるには／視覚的な序列を確認

2.5 フレームとコネクタ 046

2.6 明快でわかりやすいビジュアル 048
明確に表現する

2.7 ビジュアルの描き方 050
まとめ

3. いざビジュアル作り 053

3.1 タイポグラフィー 054
タイトル／サブタイトル／コンテンツタイプ

3.2 絵を分解してみよう 057
文字が書けるなら絵も描ける／絵を分解する／絵の足し算

3.3 人物や動作を描く 061
顔の表情を描く／動作を描く／ペルソナと職業／相互作用とストーリー

3.4 組み合わせる 066

3.5 ビジュアルボキャブラリー 070
テーマ別アイコン／アクション！／スクラム＆アジャイル／
アイデア、イノベーション／目的探し／教育、学習／抵抗、障害／
IoT（モノのインターネット）／意思決定／実装／あれこれ／
グループダイナミクス／ステークホルダー

3.6 ビジュアルのアイデア 078

4. ビジュアルドゥーイングを日々実践： ME 081

4.1 自分を表現する 082
自分の似顔絵を描く

4.2 広い視野から見たME 084

4.3 ビジュアルノートテイキング 086

4.4 心を通わせる話し合い 088

4.5 視覚的に整理する 090

4.6 問題を視覚的に解決する 094
問題を見つける／問題を解決する

5. ビジュアルドゥーイングを日々実践：WE 099

5.1 創造力を刺激する 100
お絵描き入門／新製品のアイデア／意外な組み合わせ／
30個のサークル／くねくね鳥／抽象画

5.2 ビジュアルブレインストーミング 104
質問を提示／カードマッピング／サイレントブレインストーミング／
ブレインストーミング用テンプレート／視覚的な刺激

5.3 アイデアの収集と組み立て 108
ストップ・スタート・コンティニュー／2サイド／テンプレート／付箋

5.4 取捨選択 111
一次選抜／重視すべきことを決める／アイデアを選択する

5.5 チームパフォーマンス 114
コアバリュー／「Awesome」を定義する／ドリームキャッチャー／
振り返り／チームの温度

5.6 チームのビジョンポスター 118

5.7 ロードマップ 120

5.8 「現在の姿（AS-IS）」と「将来の姿（TO-BE）」 122

6. ビジュアルドゥーイングを日々実践：US 125

6.1 仕事に対する姿勢を改革する 126

6.2 主体性を持って計画を立てる 128

6.3 組織の戦略に対する理解を広める 130

6.4 働き方を変えれば組織も変わる 132

7. ビジュアルドゥーイングでいこう 135

7.1 TIPS 136

7.2 著者について 138
ウィリーマイン・ブランド

7.3 本書執筆における立役者たち 139
ヘステル・ナークトヘボーレン／ジョルジェット・パルス／
インゲ・デ・フライター／ラウト・ローゼンバウム

7.4 本書ができあがるまで 143

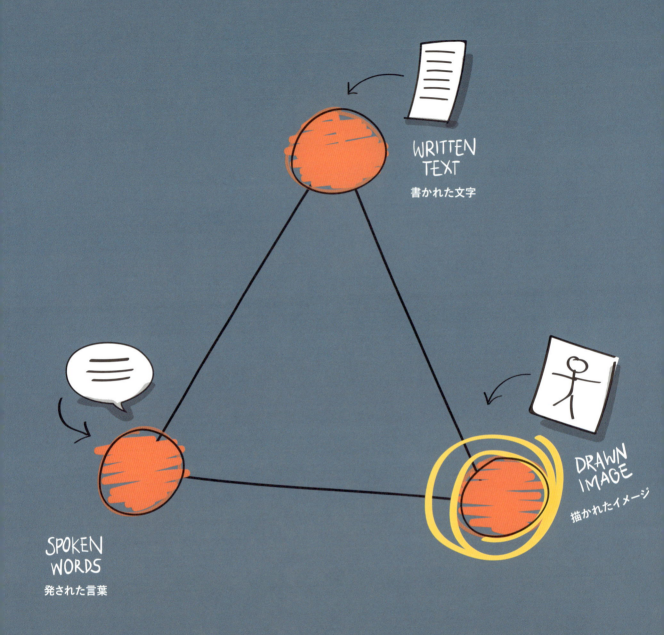

1. ビジュアルドゥーイングの大切さ
THE IMPORTANCE OF VISUAL DOING

ビジュアルシンキングのコミュニティが世界のあちらこちらに広がりつつあり、とてもワクワクしています。本書では、ビジュアルシンキングをさらに進化させてビジュアルドゥーイングへと変える道のりを一歩ずつ紹介していきます！

ビジュアルシンキングならびにビジュアルドゥーイングは、さまざまな面でコミュニケーションを強化します。ストーリーはそれに耳を傾けるオーディエンスの心により深く響くようになりますし、ミーティングは活気あふれる共同作業の場となるでしょう。けれどもいちばんのメリットは、楽しさがぐんと増すこと。絵やイメージがあると、言わんとしているメッセージが明確に伝わりやすくなるのです。

私にとって、絵を描くことは生き方だと言っても過言ではありません。プロセスを視覚化してわかりやすく説明する作業はお手のもので、いつしか私の活力源となりました。絵を描くという強力なツールを人に伝授し、話したり文字を書いたりするのと同じくらい意識せずに描けるよう導くことが楽しくてなりません。いつでも、どこでも。

絵やイメージは、容易にビジネスシーンに取り入れることが可能です。そうわかると、だれもが喜んでくれますし、私たちもそれを広める過程を楽しんでいます。絵を使ってコミュニケーションを図りたいのであれば、本書でその願いは難なく叶えられるはず。すぐに活用できるヒントやツールが事細かく説明されているので、絵が

うまくなるだけでなく、スキルの幅も広がり、自信をもって ストーリーを視覚的に語る ことが可能になるでしょう。

本書の執筆／描画にあたっては、私の強力な味方であるインスピレーショナル・ビジュアル・インタープリターのインゲ・デ・フライター、クリエイティブ戦略専門家でストーリーテリングの指導者でもあるラウト・ローゼンバウムから多大な力添えをいただき、素晴らしいひとときを過ごすことができました。また、情熱とパワーにあふれるデザイナー兼ビジュアルシンカーのヘステル・ナークトヘボーレンとジョルジェット・パルスにも感謝を伝えたいと思います。

本書は、1作目『VISUAL THINKING　組織を活性化する、ビジュアルシンキング実践ガイド』（以降、『ビジュアルシンキング』）を発展させ、シンプルかつ実用的な手法やアドバイスを盛り込んだ手引書です。ビジュアルドゥーイングの実践を後押しするとともに、視覚化スキルを向上させてくれる1冊となっています。

Buro BRAND創業者、ウィリーマイン・ブランド

009

本書の構成

本書は、1作目『ビジュアルシンキング』の続編であるとともに、まったく新たな1冊です。ビジュアルドゥーイングを実践していくためのスキルやヒント、ツール、課題をさらに紹介しています。

まずは、基本的なスキルから。第2章では、理論に触れながら、構成やビジュアルヒエラルキー視覚的な階層、隠喩表現について説明しているので、必ず読んでください。続く第3章は、「何でも」描けるようになるためのセクションです。タイポグラフィーやアイコン、それらの組み合わせ方などを例に挙げていますので、レパートリーを増やせるでしょう。後半の第4～6章は以下のようなテーマを取り上げます。

- 「個人としての自分（ME）」（第4章）
- 「チームとしての私たち（WE）」（第5章）
- 「会社としての私たち（US）」（第6章）

第4章「ME」と第5章「WE」では、「心を通わせる話し合い」や「ロードマップの描き方」など、私たちが好んで取り入れているお勧めの視覚化手法を紹介。第6章「US」では、それらの手法を実際に導入した事例を挙げながら、視覚化が組織の構造とコミュニケーションをどう変えたかを検証していきます。最後は、この本で身についた絵やイメージを描くスキルを、読了後もずっと活用していくためのヒントを紹介して締めくくる予定です。

視覚化を実践する私
進化と創造力

視覚化を実践する私たち
コラボレーションと共創

視覚化を実践する組織
変革と積極性

ビジュアルシンキング vs. ビジュアルドゥーイング

1作目『ビジュアルシンキング』は技術に重点を置き、「自分にも絵が描ける」という自信と実感を持ってもらうことを目指しました。

描くことに対する苦手意識を取り除き、シンプルかつ描きやすい絵をヒントとして例示しながら、ビジュアルシンカーとしての姿勢を持てるよう導く内容です。

一方の本書はさらに一歩踏み込んで、自分の描いた絵をいかにうまくコミュニケーションで活かすのかという点に注目しました。また、ビジュアルシンキングを個人の仕事やチームワーク、グループでの共同作業、さらには大きな組織にどう当てはめていくのかについても取り上げています。

現代のビジネス界は絶えず変化しており、敏捷性が不可欠です。スクラム［チームのコミュニケーションを重視したやり方］やリーンスタートアップ［無駄なく効率的に新規事業や企業を立ち上げるマネジメント手法］、デザイン思考といった言葉をよく耳にしますが、そうしたいまどきの働き方にとってカギとなるのがビジュアルシンキング（視覚的思考）です。本書ではそれを身につけることができます。

『ビジュアルシンキング』のあとを受け継ぐ本書には、インスピレーションのきっかけとなるアイデアが満載されているのです。

BAD EXCUSES FOR NOT DOING VISUAL

ビジュアルドゥーイングの悪い例

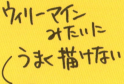

どうすればいいの？

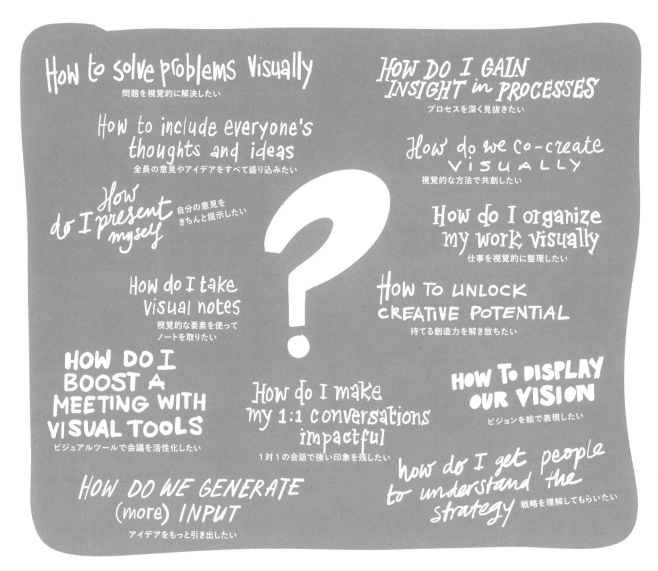

ビジュアルシンキングについてはよく耳にするし、その効果も実感しているけれど、まずどこから手をつければいいのかわからない——そんな声が聞かれます。そこで本書は、「どこから？」という質問に答えていきます。

だれもが理解できるようわかりやすく説明することが、私たちの心からの願いです。本書では、だれでもすぐにピンとくる事例を用いて、効果的なビジュアル手法を段階的に説明していきます。

どうして視覚化するの？

私たちは日々、めまいがするほど膨大な量の視覚情報を処理しています。現代は、広告やソーシャルメディア、インフォグラフィック、看板などがあふれ、目に訴えかける情報が氾濫する時代です。職場でも、インフォグラフィックや円グラフ、図表、（パワーポイントを使った）プレゼンテーションなどを中心に、視覚的手法が使われています。

視覚的な刺激が増加する一方で集中力は下降線をたどっており、意思疎通のみならず、メッセージを的確に伝えるためにはさらに努力する必要があります。オーディエンスから注目してもらいたければ、無味乾燥なデータをただ提示してやみくもに訴えるだけではもはや不十分なのです。

つまり、あれこれ工夫を重ねなければならないわけです。そればかりか、相手の心を動かさなくてはなりません。オーディエンスの心をつかむには、創造性と説得力、情熱に満ちた方法で、情報を視覚的に明示する必要があります。印象的なビジュアルを使った熱気あるプレゼンテーションなら、100ページもの報告書では絶対になしえない方法でオーディエンスの心をつかみ取ることができるはずです。

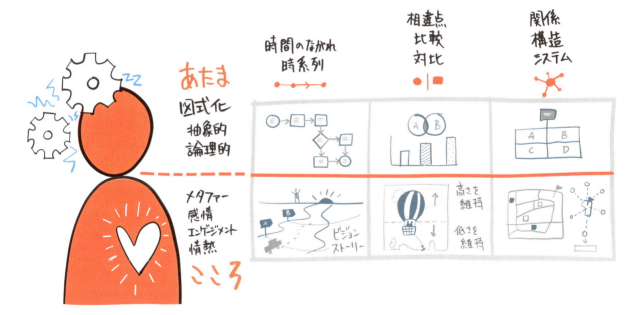

視覚化が正しい選択である理由は、ほかにもさまざまあります。次のページを見ればきっとそれが何かわかるはずです。

the IMPACT of WORKING VISUALLY

視覚化にはどんな効果があるの？

OPENS THE MIND TO DIFFERENT POSSIBILITIES
異なる可能性を受け入れる

ALIGNMENT
団結する

MAKES PROCESSES CLEAR
プロセスがわかりやすくなる

異なる結果を見出せる
UNCOVER OTHER OUTCOMES

具体的になる（有形化する）
it's TANGIBLE

新しいアイデア、よりよい洞察
NEW IDEAS BETTER INSIGHTS

CREATE A HIGH PERFORMING TEAM
高パフォーマンスのチームが生まれる

APPROACHABLE
親しみやすい

プロトタイプが作りやすい

EASY FOR PROTOTYPING

ビジネスが加速する
ACCELERATE BUSINESS

INVITES PEOPLE TO DISCUSS & CRITICIZE
意見や批評が出やすくなる

BUILDING TOGETHER
協力体制ができる

COMMUNICATE FASTER
すばやく意思疎通できる

SHARING THE SAME VISION
ビジョンを共有できる

ENERGIZES
活気づく

IT REACHES THE HEART
心に響く

FUN !
楽しい！

EXPRESS YOUR CREATIVITY
創造性を表現する

TO THE POINT
核心をつける

IT ENGAGES TO SHARE, TO TELL
積極的に共有し発言する

IT SIMPLIFIES
シンプルになる

KICK STARTS CHANGE
変化に弾みがつく

筆記具

では早速始めましょう！　本書を手にし（『ビジュアルシンキング』もぜひ！）、やる気も満々ですよね。とはいえ、どんな道具があれば順調に滑り出せるのでしょうか。

紙

- 絶対に欠かせないのは、大量のブラウンペーパー［茶色い模造紙］です。戦略を練ったり、ロードマップを考えたりなど、視覚化の際に重宝します。
- 大きめの白い紙。フリップチャートにも使えます。
- A3用紙。A4では小さすぎて絵が描きにくいからです。
- ブレインストーミングをしたり、意見や内容をマッピングしたりするなら、付箋や小さなメモ用紙が必要不可欠です。

TIP 安価な壁紙や包装紙、レストランで使われている紙のテーブルクロスやランチョンマットにも描くことができます。
道具は最大限活用すること。ブラウンペーパーやフリップチャートは両面を使いましょう。ブラウンペーパーはプレゼントのラッピングに使って再利用してください！

近ごろの付箋は色や形、大きさもさまざまで、黒い付箋まであります（白いマーカーで書くのがお勧めです）。

ただし、強烈な色や明るすぎる色を使ったり組み合わせたりするときは要注意です。また、付箋は壁に貼ったときに丸まらないよう、横からはがしましょう（下からはがしてはいけません）。

フリップチャート用マーカー

私たちはドイツのNeuland製マーカーを気に入っています。リフィルが買えるうえに、インクが紙の裏に滲まないからです。とりわけBigOneは、文字や絵を目立たせたいときに重宝します。最近発見したのが日本の筆ペンで、好んで使っています。手に持った感触や自分の字体に合ったマーカーセットが見つかるまで、いろいろ試してみましょう。

マーカー

Molotowやポスカなどのアクリルペイントマーカーは、ブラウンペーパーなどの濃い色の紙に書くのに適しています。

ケース

マーカーを入れておくための使いやすいケースを必ず用意しましょう。頻繁に描くのであれば、エプロンやツールベルトがあると、動きながら作業ができます。

ホワイトボードマーカー

ホワイトボードマーカーほど良さが見落とされている筆記具はありません。まず、ペン先が丸い、緑や赤、青など月並みな色のマーカーは全部捨て、ペン先が斜めになったチーゼル型チップのマーカーを、カラフルな色合い中心にそろえましょう（会社のテーマカラーなども忘れずに）。チーゼル型ならラインの太さを変えられるので、より印象的な絵が描けます。

デジタル

デジタルツールで絵を描いてももちろんかまいません。私たちはiPadに好きなアプリをダウンロードし、Apple Penで描いています。第7章でお勧めアプリを紹介しているので、参考にしてください。

筆記具はつねに予備を用意して、ビジュアルを描く大事な場面でインク切れが起きることのないよう注意しましょう。でも、もし途中で使えなくなったとしても、適切な道具がないからといって諦めないで。道具が何もないときは、砂の上に指で書いてもいいのです。

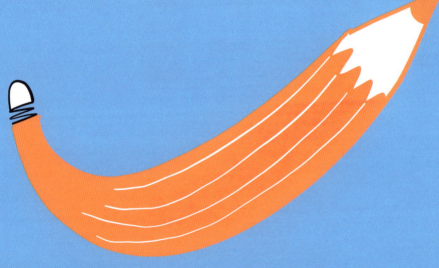

2. ワンランク上の基本スキル
THE NEXT LEVEL BASICS

自分の絵とビジュアル・ストーリーテリングの能力をワンランク高めたいのなら、いちばん重要なのは本章だと言えるでしょう。

仮にあなたは、ストーリーを語ろうと決めたとします。そのために、視覚的な方法を使いたいと思っています。最終的に描きたいイメージをしっかりと練り、そこに盛り込む情報も慎重に選びました。ひょっとしたら、実際に下描きをしたか、あるいは多少なりとも頭のなかで思い描いたかもしれません。

本章で紹介する基本スキルとガイドラインは、今後あなたが描いていくであろうビジュアルすべての土台となります。学ぶ内容は次のとおりです：

2.1	ビジュアルを準備する	視覚化の目標を定め、盛り込む要素を配置する
2.2	メタファー	ふさわしいメタファーを見つける
2.3	構図と統一感	適切な構図を選び、統一感を持たせる
2.4	視覚的な序列(ビジュアルヒエラルキー)	要素の優先度を決め、それをはっきりと示す
2.5	フレームとコネクタ	内容の組み立て方と結びつけ方を学ぶ
2.6	明快でわかりやすいビジュアル	ビジュアルを丁寧かつ明快に表現する
2.7	ビジュアルの描き方	ビジュアル作成のまとめと実践的アドバイス

2.1 | ビジュアルを準備する

仮にあなたは、ある問題の解決に役に立てようと、ビジュアルを作成することにしたとしましょう（素晴らしい！）。そこで大切なのは、印象的なイメージを描くための準備です。

このセクションは段階別に進めていきます。目標は何か、ビジュアルをどう使うのか、どのような場所で提示するのかが明確になるはずです。また、要素の配置方法についても説明します。
　実際にクリエイティブな作業に取りかかるのはそれからです。

このセクションで学ぶこと
- 準備の大切さ
- 順調なスタートを切るために必要なステップ

はじめのはじめ

あなたは、自分のアイデアをビジュアルストーリーや絵を使って伝えようと意欲満々でうずうずしています。とはいえ、はやる気持ち（馬で表現してみました）はとりあえず抑えて、はじめにいくつかの疑問点について考えてみましょう。そうすれば、自分が目指していることは何か、それをどんな場所で提示するのかを把握でき、オーディエンスと足並みが揃いやすくなります。

020

ビジュアル作成に取りかかる前に検討すべき疑問点とは何でしょうか：

はじめに、ビジュアルを作成する理由を考えます。それを使って達成したいことは何ですか？

① ゴールは何？

- ☐ 情報を提供する
- ☐ 活性化する
- ☐ ひらめきを与える
- ☐ 説得する
- ☐ ………………
- ☐ ………………

まずは、ビジュアルを提示する相手を知ることが重要です。

② オーディエンス／ターゲット層はだれ？

欠かせないのが中心的(コア)メッセージです！必ず事前に把握しておきましょう。

③ 伝えたいコアメッセージは何？

1文で表現してみましょう。

自分が作成したビジュアルをその場で説明できない場合はなおのこと、ストーリーを支える視覚的な手がかりを配置し、ひと目で理解できるものを作り上げることが重要です。

④ その場に立ち合う？

- ☐ いいえ、イメージは印刷、またはオンライン配信されます。
- ☐ はい、その場でプレゼンテーションや解説、ワークショップ、対話型セッションを行います。

巨大なビジュアルを作ったところで、掲示スペースがなかったら元も子もありません。ステージが遠すぎて、オーディエンスから見えない場合もあります。

⑤ どんな場所で発表するの？

- ▷ どんな会場？ どんな配置？
- ▷ 参加者は何人？
- ▷ ホワイトボードやフリップチャート、プロジェクターはある？掲示できる壁はある？壁とイメージ、それぞれのサイズを考慮しましょう。

内容を整理する

伝えたいのは、コアメッセージだけとは限りません。オーディエンスに知ってもらいたいことはほかにもあるのではないでしょうか。

それを整理するためにまず、白紙のカードや付箋をたくさん用意し、伝えたいことをひとつずつ、別々の紙に記入してみましょう（絵でもかまいません）。ビジュアルに盛り込みたい要素をひとつ残らず挙げていってください（タイトル、日付、理由、方法、ステークホルダー、行動喚起〔CTA, call-to-action〕要素など）。

要素を用紙1枚にひとつずつ書き入れる作業を終えたら、目の前にすべて並べ、全体像を把握します。次は、取捨選択する番です。アイデアを伝えるうえで情報量が過不足なく適量かどうか、批判的な視点に立って検討しましょう。

要素の選別が終わったら、テーマごとにカードをまとめて分類します。「適切か」「論理的か」という基準で整理してもいいでしょう。この作業で役に立つのは次のような方法です。

- カードをテーブルか床にすべて並べて全体を眺めます。それから、入れ替えたり並べ替えたりしながら、ビジュアルストーリーに重要だと思える論理やパターンなどが浮かび上がってくるまで、じっくり時間をかけて考えます。
- カードの内容を優先順に並べてみましょう。たとえば、MoSCow分析を参考にするのも一案です。ただし、MoSCowでは「Must have（持たなければならない）」「Should have（可能なら持つべき推奨要件）」といった観点に立ちますが、ここでは「Must tell（伝えなければならない）」「Should tell（可能なら伝えるべき推奨要件）」を基準に考えてみましょう。

- <mark>大きな同心円を3つ描いたら、</mark>オーディエンスやゴールを踏まえ、関連性に応じてカードを並べましょう。関連性が少なければ少ないほど、カードを中心から離れた位置に置いていきます。
- 伝えたいストーリーに何らかの時系列がある場合は（明確なタイムラインがある、因果関係がある、順に沿って進行するなど）、それに従うとカードを簡単かつ効率的に並べられます。
- イメージを描くより、話したり文章を書いたりする経験のほうが豊富だと思います。ならば、ストーリーを実際に声に出すか、頭のなかで語りながら、どの情報をどの順序で提示すべきかを検討してみましょう。その順序こそ、あなたがオーディエンスにビジュアルを提示したい順序なのです。

この作業を私たちは「カードマッピング」と呼んでいます。相互に関係するカードは重ねましょう。

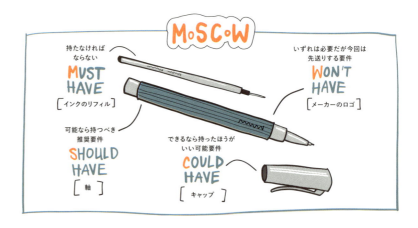

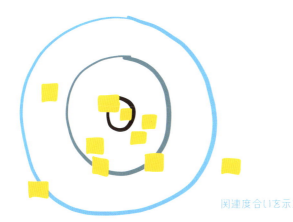

関連度合いを示す同心円

情報や要素の分類作業には十分に時間をかけなくてはなりません。なぜなら、下の絵でもわかるように、そのあとにはビジュアルにもっとも適したプランやメタファーを選ぶステップが控えているからです。

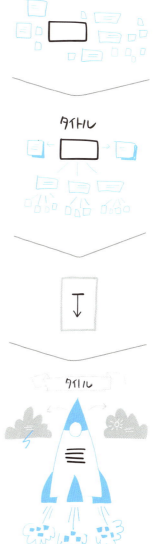

重要ポイントを強調する

会話では、オーディエンスに向かって話す場合はとくに、強調したいことがあると身振り手振りを交えたり、声を大きくしたり、言葉をはっきりと発音したりすることがあります。反対に、重要度が低い、あるいは全体像のなかでは微々たる情報である場合は、声を小さくしたり、ぶつぶつとつぶやいたりします。それらも情報の順序や序列を示す行為です。

とはいえ、それはたいてい狭い範囲内——主要なメッセージとその説明や裏付けが含まれたひとつの段落など——でのことです。要するに、ひとつのまとまりやテーマのなかには主要メッセージが存在し、それを裏づける情報は主要メッセージの「下位」に分類されるということです。

これでカードの序列化が終わりました。序列化とは情報を整理することであり、情報は「上位」「下位」「同位」といっ階層に分けられます。そうすることで、ビジュアルを見る人はどこから読み始めればいいか判断しやすくなるうえに、文章（またはビジュアル）を「ざっと読み取る」ことが可能になります。詳しくは2.4「視覚的な序列（ビジュアルヒエラルキー）」で説明する予定です。

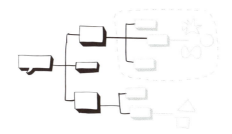

土台となるプランを決める

リスト／ポスター

上から下へ。スケジュールやプログラム、タイムテーブルなど。

ステップ／要約

下から上へ。地平線に向かって道が伸びていくロードマップや、階段を上っていく場合。

タイムライン

左から右へ。AからZ、タイムライン、ある状況から次の状況への変化など。

ロード

地平線や山頂へと向かう道のりなど。

マンダラ

ブレインストーミングを行うとき。または、中心的なテーマがあり、詳細や特徴などを周囲に配置するとき。

マトリックス

情報を体系的に提供するとき。「すべきこと」vs.「すべきでないこと」を提示したり、SWOT分析を行ったりする際。

フォーカス

強調したい重要ポイントがひとつだけあるとき。

全体像を把握し、分類を終えたら、そこからビジュアルの土台となるプランが浮かび上がるか、考えてみましょう。

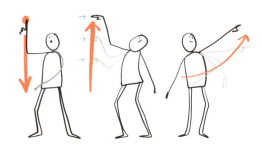

ストーリーを話すとき、あなたは腕をどのように動かしますか？ そのジェスチャーには、ビジュアルの土台とすべきプランのヒントが多く隠されているかもしれません。

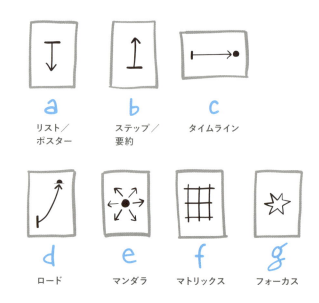

a　リスト／ポスター
b　ステップ／要約
c　タイムライン
d　ロード
e　マンダラ
f　マトリックス
g　フォーカス

ビジュアル作成の準備はこれで終わりです。では次のステップに進みましょう。2.3では、このセクションに再び触れながら構図を考えていきますが、その前に、適切なメタファーがいかに効果を発揮するかをお話しします。

2.2 | メタファー

辞書によるとメタファーは、「隠喩。字義通りの意味とは別に、まったく異なる物事を言い表して、共通する側面やニュアンスを強調するために用いられる言葉やフレーズ」だと定義されています。

いたる場面で用いられているメタファーは、人々の関心を集め、オーディエンスとストーリーを結びつけ、複雑で抽象的な概念を簡略化します。ビジネスシーンなら、「営業と利益」を「種と成長」というメタファーに置き換えることもできます。「ルートを計画する」や「徐々に加速する」という表現もメタファーです。

目前の状況をなかなか客観的に判断できない場合には、ヘリコプターに乗っている気持ちで高いところから「俯瞰」する必要があります。

このセクションで学ぶこと
- メタファーの効果
- 自分なりのメタファーを発案する方法
- たくさんの基本的なメタファーの知識

メタファーの効果

オーディエンスに鮮明なイメージを描き出してもらいたいなら、的確なメタファーを提示するのがいちばんです。そうすればメッセージを瞬時に理解し、意味を飲み込んでもらえるでしょう。脳内の視覚処理を担う部位に働きかけて、オーディエンスが経験を通じてすでに理解していることと、まだ認識していないことを結びつけられるよう手助けするわけです。メタファーは知識や説明を凌駕し、潜在意識のレベルで物事の概念に関する考えを実際に変えることができます。

例として、スタンフォード大学の心理学研究者シボドーとボロディツキーが都市犯罪をテーマに2011年に実施した研究を紹介しましょう。人の意見や観点をかたちづくるうえでメタファーが重要な役割を果たすことが示された研究です。まず、被験者は2グループに分けられました。そして第一グループには、犯罪は「住民を捕食する猛獣である」（動物がメタファー）という説明を、第二グループには、犯罪は「病気である」という説明を行ないました。すると、第一グループ（動物がメタファー）は犯罪者を管理すべきだと提案した一方、第二グループ（病気がメタファー）は治療という選択肢を示したそうです。メタファーを変えただけで、人々の反応も変わったわけです。

メタファーの見つけ方

置き換えるためのメタファーを考え出すといっても、その方法は無数にあります。また、メタファーが適切か否かの判断ですが、それはこれから紹介する6ステップに従えば簡単です。

1. 理解する

適切なメタファーを見つけるうえで肝心なのは、ストーリーのテーマを理解すること。「シンプルに説明できないのなら、十分に理解していないということだ」というアインシュタインの名言があります。シンプルに説明できるかどうかを確認したいときは、自分のストーリーを6歳児に話す場面を想定してみましょう。

2. (再)定義する

メタファーを使う目的を考えてください。メタファーでテーマを明確化したいのですか。それとも、行動を喚起したいのですか。

3. 概念化する

ペンと紙を手に取り、(視覚的な)ブレインストーミングを始めましょう。ストーリーについて頭に浮かんだキーワードや特徴、イメージやアイデアを書き出し、関連する事柄へと広げていってみてください。手で書くことで、脳の異なる部位が活性化されることが研究から明らかになっています。構想力や表現力が向上する場合もあるそうです。

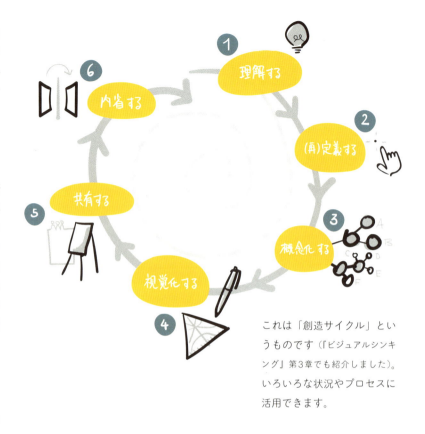

これは「創造サイクル」というものです(『ビジュアルシンキング』第3章でも紹介しました)。いろいろな状況やプロセスに活用できます。

思考を深めるために、次のような方法を試してみましょう。

- 頭をすっきりさせる:まずは、明白な事柄を書き出してみましょう。頭のなかにあるアイデアを出し尽くせば、より創造的なアイデアが湧く余裕ができるはずです。仮にパートナーシップがテーマであれば、「握手」のような月並みなイメージがすぐに浮かんできますが、実はもっと突き詰めた表現を求めている可能性もあります。自分のストーリーに必須な要素は何かを考えてみてください。

- 発想を逆転させる:自分のストーリーとは相反する状況を思い描いてみましょう。それはどのように見えますか。どんなメタファーが当てはまりそうですか。単純な方法なので、即座にメタファーが浮かぶことはないでしょうが、創造力に弾みがつくはずです。

- ランダム・インプット:創造力を刺激しそうなことを適当に選び、ストーリーに当てはめられるか考える方法です。辞書やウェブサイト、書籍、雑誌、新聞、テレビなどからランダムに言葉やイメージを抽出し、適用

できそうかどうか考えてみましょう。自分がいる部屋やオフィス、近所などにあるものでもかまいません。

- **助けを求める**：チームメンバーや家族の経験、創造力をフル活用しましょう。ただし、はじめはストーリーの全貌を明かさないこと。彼らの力を借りて、特定の関連事項やアイデア、要素、「感情」を視覚化してみてください。「ランダム・インプット」に挑戦してもらってアイデアを出してもらうのもひとつの手です。みんなからアイデアがどんどん湧き始めたら、「メタファー」について尋ねます。

ここからは、ストーリーを象徴するアイコンやメタファーを具体化していきます。たとえば、あなたのストーリーは嵐の海を航行する船に似ていますか。それとも、成長過程に置き換えられますか。必要に応じてアイデアを出し合ったり組み合わせたりしながら、メタファーを引き出していきます。ただし、支離滅裂にならないよう気をつけてください。

4. 視覚化する

選んだメタファー（いくつでもかまいません）を視覚化し、ストーリーの要素がすべて当てはまるか検討します。メタファーがインスピレーションをくれることも少なくありません。先入観を持たず、関連性を模索してください。仮に「海を航行する船」をメタファーにした場合は、背景も描いてみましょう。天気や海の様子、島々や灯台など、あれこれ思いつくはずです。それから、描き加えた要素をビジュアルストーリーに盛り込めるかどうか吟味します。

5. 共有する

ここまでの成果をほかの人に披露します。文脈や背景を説明し、率直かつ建設的な意見を述べてもらいましょう。以下のような質問をするとフィードバックを引き出せるかもしれません。

- メタファーによって、テーマをより深く理解できましたか。
- メタファーの細部と全体像やストーリーとのつながりが見えましたか。
- そのメタファーを選んだことをどう思いますか。テーマについての考え方や意見が誘導されたり変わったりしましたか。

6. 内省する

ここまでの作業を振り返ります。メタファーに適しているもの、適さないものはどれですか。ふさわしいメタファーはすぐにピンとくるものです。さらに検討すべきか、先に進むべきかは、この段階で決定します。

オーディエンスがよく知るメタファーもありますが、それが奏功する場合もあれば、陳腐に思える場合もあります。他方、あまりなじみのないメタファーなら、好奇心をそそられる可能性があります。ただし、メタファーと現実の類似点を指摘してもらいたいのに、あまり知られていない、あるいは何の感情も誘わないメタファーを選んでしまうと、狙いどおりに進まなくなるかもしれません。

次のセクションではよく知られているメタファーを紹介するので、発想のヒントにしてください。

> **TIP** できるだけシンプルに！ 視覚的な手がかりやメタファーに気を配りながら、自分の情報を6歳の子どもに説明するつもりで話してみましょう。

「シンプルに説明できないのなら、十分に理解していないということだ」
——アルベルト・アインシュタイン

やってみよう

Let's make this

work

メタファーのアイデア

プロセス＝旅

旅に出るときは事前に計画を立て、出発地点やルート、目的地などを決めます。

順序のある出来事なら、ほぼ間違いなく、旅に置き換えられます。

旅を用いたメタファーを示す表現：行き先、ルート計画、地平線（前途）、曲がり角を間違える、道しるべなど。

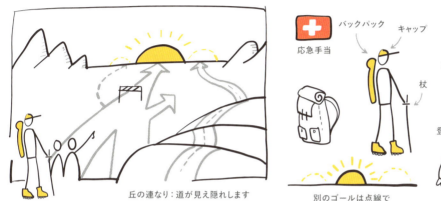

丘の連なり：道が見え隠れします

別のゴールは点線で

ルートの計画

戦略策定の際によく用いられるのがロードマップです。ゴールにたどり着くまでの効率的な道のりを示すことができます。

「タスクを期限までに完了するべく、最善のルートを計画する必要がある」

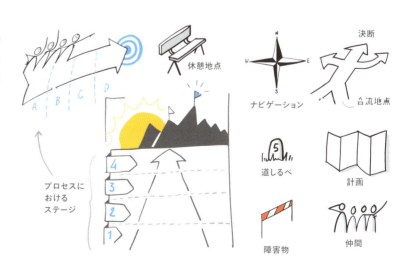

029

ロードマップを用いたメタファーを示す表現：明確なゴール設定、ナビゲーション、準備、旅、風景、時間、距離、道しるべ、ステップ、休憩、危険物、仲間など。

成長を示すメタファー

「適切な人材の採用は、会社が成長するための種まきである」

農業をモチーフにしたメタファー表現：種をまく、耕す、収穫する、枯葉や枯れ枝を取り除く（不要なものを排除する）、実を結ぶ、異種交配（相互理解や交流）、根絶する、根回しなど。

 成長を促す

 コントロールは不可能だが予測は可能な脅威

 コントロールが可能な脅威

 収穫しにくい果実

 収穫しやすい果実

 腐りかけた果実

 私たちの核心（目的）

 ゴール達成に必要なものとは？

 成長を目指すプロジェクトの異なる側面を別々の色で示す

 成長を維持するための道具

季節に応じたメンテナンス作業

 草取り

戦略＝チェス

私たちが戦略の象徴に用いるのがチェスです。チェスの駒はそれぞれ強さ（価値）が違います。たとえば、ポーン（歩兵）は一般的に弱く、クイーン（女王）は最強の力を誇ります。キング（王）は自分たちが有する最も価値の高いアセット（資産）を象徴します。

最も重要な資産　　最も力のある資産　　競争

戦略　　使い捨て可能な資産

脅威を排除する

チェスをモチーフにしたメタファー表現：和解する、計画を立てる、ヒエラルキー（序列）、コントロール、資源の配分、漸進的、発展、競争、先制攻撃、好手、悪手、エンドゲーム（終盤戦）など。

製品＝道具

便利で実用的な道具は特定の仕事を表現するのに最適です。「道具」というメタファーは用途が固定的であることを意味します。たとえば、ハンマーは釘を打つのに適した道具ですが、長さを測るときは役に立ちません。

マルチツール

ビジネス＝戦争

ビジネスを戦争に置き換えた表現は数多くあります。

戦争をモチーフにしたメタファー表現：作戦、（競争相手より）優勢になる、（会社のイメージを）増強する、手を組む、再編成する、軍を集結する、良策を得る、前線、生産的な提携など。

敵　　　　作戦　　　衝撃を与えるためのさまざまな方法　　影響力を描写

組織＝機械

「この組織はオイルがなじんだ機械のように順調に稼働している」。企業を円滑に運営するうえでは、多種多様な部品（構成要素）と適切に系統立てられたプロセスが欠かせません。機械をベストな状態に整えれば、リソースを最大限に活かすことが可能になります。

機械をモチーフにしたメタファー表現：
歯車、工程、オイル

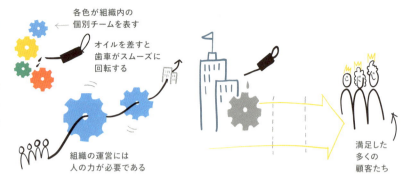

キャリアパス

キャリアパスとは、人がある職業に就いて歩んでいく道を指します。

「彼女は少し変則的なキャリアパスを歩んでいる。営業職として働き始めたが、いまは弁護士だ」。
メタファー表現：パス（道）、分かれ道、追い抜く、考え直す

出世の階段

出世の階段を上るとは、組織のなかで昇進し、より高い役職に就くということです。

「ロバートは出世の階段を一気に駆け上がった」

進歩＝上昇

「アップ（上昇）」と聞くと、「モア」「ベター」というイメージが浮かびます。「新しい発見を探し求める」

「次のレベルへと持っていく」「前進する」「上昇する」などと表現できる。

探検する

向かい風は何か

追い風は何か

進行方向をコントロール

風船ひとつひとつが上昇要因を象徴

新しいアイデアや未開拓分野を探求

熱によって上昇

砂袋が重荷に

安定感を生む錨

動物＝行動（振る舞い）

ほかのメタファーに取り入れられることが多いのが動物です。じっと見ていると、動物園や牧場にいるような気分になるかもしれません！

動物を用いたメタファー表現：頭のないニワトリ〔オロオロと慌てる〕、ニワトリのようにしり込みする、モンキー・ビジネス〔不正や策略〕、黒い羊〔問題のタネ、やっかい者〕、ダークホース、レッド・ヘリング〔おとり〕、部屋にいるゾウ〔触れてはいけないタブーな話題〕、陶器店に迷い込んだ雄牛〔すべてを台無しにする〕、ラット・レース〔多忙、激しい出世競争〕。

柔軟、直感的、好奇心の塊

秩序のあるカオス

創造的進化

大きい、不器用、高い記憶力

ゆっくり、着実な歩み

機敏、柔軟

小さい、生意気

物知りフクロウ

強者に従うヒツジ

流れに逆行する魚＝勇気、独創性、自律性

プロセス＝サークル
プロセス＝連鎖(チェーン)

サークルや連鎖(チェーン)を使うと、徐々に向上していく過程や、製品の「誕生」(または導入)から「廃棄」(または製造中止)までの流れを的確に表現できます。

サークルやチェーンで示すメタファー表現：製品のライフサイクル、製品群、次世代

企業＝船

リアルにイメージしやすい船のメタファーを使うと、連帯感が深まります。その一方で、待ち受ける潜在的なリスクや企業の一体感が過度に強調されてしまうと言えるでしょう。

船長の最高経営責任者（CEO）と乗組員である従業員は、会社という船に乗って、危険が潜んでいるビジネス界という海を進んでいく必要があります。

乗船したばかりの新入社員は、「航海のコツ」を学んでいきます。経営陣は巧みに舵を取りながら、成功へ向けて航路を定め、荒れ狂う海を進んでいくのです。

 緊急の寄港地（最終手段） 危険や脅威を警戒する監視員 最終目標、新たな視野

 悪天候 手動による連係プレー 不意を打つ脅威／回避不能の脅威

避難港／道しるべ

仕事＝スポーツ

この2つに共通するのは「パフォーマンス」。仕事もスポーツも持てる力を最大限に発揮し、勝利を目指す点では同じです。「高いパフォーマンス」「最高のパフォーマンス」という考えを、陸上競技やサッカー、自動車レースなどのイメージを借りて強く印象づけましょう。

スポーツを用いたメタファーを示す表現：「全速力で」「おくれを取る」「ハンディをなくす」「ファイナルラップ」「動くゴールポスト［試合終了後に基準や条件を密かに変更すること］」「ゴールテープ」

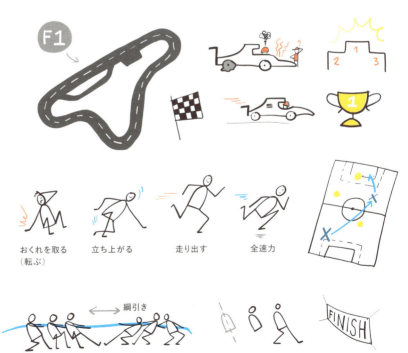

2.3 | 構図と統一感

見事なイメージを描いたところで、全体の構図がまずければ見るに堪えないものになります。全体を一体化させるには、個別の要素がひとつ残らず、ぴたりとはまらなければなりません。すべての要素——ビジュアル、アイコン、タイトル、文章——が合体して一体感が生まれたデザインこそが優れた構図であると、私たちは考えています。

見栄えがいいのはもちろん、伝えたいストーリーと噛み合っていることも必要です。

> **このセクションで学ぶこと**
> - 統一感を生み出す方法
> - さまざまな構図
> - 構図に違和感を抱いたときの対処法

構図にはたいてい、見る人の視線を強くひきつける焦点、つまり「フォーカルポイント」がひとつあります。フォーカルポイントは視覚的な序列（ビジュアルヒエラルキー）の一端を担う、ビジュアルにとってはきわめて重要な要素です。詳しくは2.4「視覚的な序列（ビジュアルヒエラルキー）」でまたお話しします。

構図

ビジュアルに使われている要素を取り払っていくと、最後には土台である基本的な構図だけが残ります。これについては2.1「ビジュアルを準備する」でお話ししました。

ストーリーにメタファーを取り入れる場合は、そのメタファーをきっかけに要素の配置を思いつくことが多々ありますし、それをそのまま土台にすることも少なくありません。

「時間」をメタファーに考えてみます。なにがしかのストーリーを話そうとしたときに、時計やストップウォッチのイメージがたまたまメタファーに適していると気がついたとしましょう。

たとえば、右のイラストのように、文字盤の中央にタイトルを書き、プロセスの各段階は時刻を表す数字の周囲に配置しました。時計をメタファーにすれば、土台となるプランはおのずとマンダラか星のかたちになります。

レイアウト

イメージを作成する際にヒントやベースにできるレイアウトの例を右に挙げました。これらはP24で紹介した土台となるプランよりもさらに詳細まで描かれていますが、どのプランが背後に隠れているかが透けて見えるはずです。

TIP イメージを3つに区切るのも一案です（2分割や4分割などいくつでもかまいません）。

構図とメタファー

メタファーが決定したとします。けれども、使えそうな構図やイメージは数限りなくあります。大切なのは最適な構図を選ぶことであり、ビジュアルを構成する各要素にそれ相応の光を当てるものでなくてはなりません。そのためには、ビジュアルの内容に論理的に合致する構図としない構図を事前に見きわめておくといいでしょう。

　最適な構図を見つけるべく、まずは白紙を一枚（あるいは何枚か）用意し、ざっと下描きをしてみてください。創造力に身をゆだねて思いつくままに描いてみましょう（動物のメタファーを使うのもいいですね）。右は、「宇宙」をメタファーにした場合のスケッチ例です。

ここではたまたま「マンダラ」や「フォーカス」が多く描かれていますが、選択肢はほかにもたくさんあるので、自分が伝えたいストーリーに合わないと思ったとしても心配いりません！

037

統一感

視覚に訴える方法でコミュニケーションを取っているときは、オーディエンスの関心をそらさないよう、==調和の取れたビジュアル==を描かなくてはなりません。構成要素のバランスに気を配り、理解しやすいような配置を心がけてオーディエンスの負担を軽くしましょう。

たとえば右の絵のように、左右で余白の量が大きく異なりバランスが悪いと、オーディエンスは見るのに疲れてしまいます。

こうしたアンバランスを避けるために、ビジュアルに盛り込む要素にはそれぞれ==「重さ」==があると考えます。サイズの小さい要素は「軽く」、大きい要素は「重い」。混み合った要素はまばらな要素よりも「重い」、という感じです（ほかにも、暗い色合いの要素は明るめの要素より「重い」と考えることもできます）。

統一感を持たせたいときは、ビジュアルに使われる視覚的アイテムをはじめから終わりまで一貫させるという手があります。たとえば、色や形、絵の質感、空間的な関係、線の太さなどを揃えるのです。そうすると、調和が生まれて統一感が増します。

TIP 自分の描いたビジュアルをじっくり検討してみましょう。調和を念頭に置き、視覚的な統一感を生むにはどうしたらいいのか吟味してください。

一貫性と意味：視覚的な特性を繰り返し用い（この場合は色）、関連する要素や、同じカテゴリに分類される情報はどれかを示しましょう。

形状や色、線の太さを全体で揃えたほうが、揃えないで配置したものよりも調和が取れます。

下の絵を見るとわかるように、左半分と右半分で描かれている形状が違っていてもバランスが取れているのは、左右の「重さ」が同じだからです。

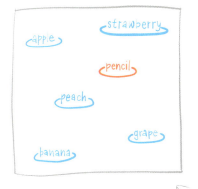

フレームを描くとたちどころに一体感が生まれます（詳しくは2.5でお話しします）。

簡単かつ効果的に統一感を持たせたければ、色使い（カラースキーム）に気を配りましょう。いちばん容易なのは単色使いですが、デザイン全体を同じ色で揃えればいいというものではありません（それもひとつの手には違いありませんが）。それよりも、基本色（キーカラー）を決め、あとは陰影や濃淡を自由に変えて使ってみてはどうでしょうか。

お話ししたように、線の太さや形状を揃えることでも統一感が生まれます。スケッチのように緩く流れるラインで描いていたのに、不意に硬さのある視覚的要素が紛れ込んだら、違和感があるでしょう。

TIP あなたはおそらく、仕事のためにビジュアルを描いているはず。ならば、その状況を最大限に活かし、会社のコーポレートカラーを取り入れてみましょう（すでに適切な配色になっているはずです）。

039

2.4 | 視覚的な序列(ビジュアルヒエラルキー)

いまはこんな感じ

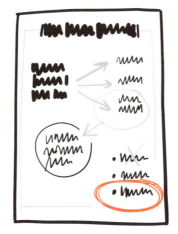

いずれこうなるかも

> このセクションで学ぶこと
> - ビジュアルヒエラルキーの重要性
> - 要素を区別するさまざまな方法
> - ビジュアルヒエラルキーの例
> - ビジュアルヒエラルキーの確認方法

ここでも、しばしば目にする残念な絵を例に挙げます。左上の絵を見てください。色も線も均一なうえに、視覚的な手がかりがないので、最初に注目すべき部分、次に見るべきポイントがわかりません。要するに、視覚的な序列(ビジュアルヒエラルキー)が存在していないのです。

ビジュアルに注目してもらうこと、そして実際に「読んでもらう」ことを目指しているのに、上の絵はそのプロセスを邪魔しています。見る人に認知的負荷をかけているからです。見る人は頭をせっせと働かせて、どこから「読み始め」、次にどこへ目を向けるべきなのか（何が重要で何がそうでないか）を判断しなくてはなりません。

見る人は、==まず全体像を目に入れてから、個別の情報を詳しく見ていきます==。この点を十分に理解しておいてください。というのも、全体像を確認したあとに詳細へといったん視線が動いてしまうと、個別の要素が注意を引こうと競い合うかたちになってしまうからです。見る人を視覚的な方法で導かなくてはならないのはまさにこの段階です。

主要テーマとその他の区別の仕方、ならびに視覚的な要素を調和させる方法については「2.1 ビジュアルを準備する」ですでに説明済みです。ここでは、要素をどのように視覚化すれば調和が維持できるのか、その方法を見ていきましょう。

ビジュアルヒエラルキーができていると、オーディエンスはビジュアルをさっと見て内容を読み取ることができます。

視線を引きつける焦点

伝えたい主要メッセージやアイデア、最も重要なビジュアルには明確な==フォーカルポイント==が必要です。ですから、ストーリーをいちばん確実かつ効果的に伝えられるようなフォーカルポイントを選んでください。ここでは、イメージのなかにフォーカルポイントを作り出す方法をいくつか紹介します。

グレーより黒

グレーよりも黒で描かれた要素のほうが目に強く訴えかけます。黒はグレーより序列が「上」なのです。

矢印や強調線

見てほしい部分を文字どおり矢印や強調線で指し示すと、うまくフォーカルポイントが作り出せます。

色

ビジュアル（の一部）に明るい色を加えると、フォーカルポイントが自然に生まれます。色はとても役立つ要素です。でも種類が多すぎると逆に弱点になったり色が衝突したりするので注意が必要です！　色が少ないほうが効果的な場合もあるのです。

余白を活用する

「ネガティブスペース」と呼ばれる余白も序列化に使えます。右の絵を見たときにまず目が行くのは、細い線がぎっしりと描かれて白い部分がほとんどない部分のはずです。

大きさ

周囲と比べてサイズがずっと大きい要素があるなら、それは全体的な序列で「上」に位置します。

コントラスト

背景が白の場合は、色の対比（色を使ってもいいし、黒でもかまいません）を活かして、特定の情報に人の目を引きつけることができます。

線の太さ

左の絵を見てください。真っ先に目に飛び込んでくるのは、太い線で描いた絵のはずです。

話したり書いたりするように

「描く」ことと「話す」ことを(もう一度)比べてみましょう。ストーリーテラーは緊張感を演出する際、声を大きくするのではなくむしろ囁くように話して聞き手の関心を引きます。同じことを視覚的な方法でやりたいときは、余白を増やしてみてください。また、会話で「でも」「しかし」「その一方で」と反意を示す言葉を多用することがありますが、矛盾を視覚化するなら、ビジュアルにコントラストを取り入れることが論理的な方法です。

ビジュアルヒエラルキーは、文字しか使われていない場合でも重要です。新聞の一面を思い浮かべてください。まず目が行くのは、太字の大きな文字で書かれた大見出しです。その次に、大まかな内容を伝える写真とキャプション、もう少し踏み込んだ内容を伝える太字の小見出しが続きます。編集者は、「文字(フォントサイズ)が大きいほう」、「線が太いほう」が序列で上に位置することを利用して、読み手に訴えかけているわけです。

視覚的な序列を打ち立てるには

ビジュアルヒエラルキーは、フォーカルポイントだけでなく、注目すべきレベルの違いをはっきりと示します。差異を出すための方法は、上述したようなフォーカルポイントを設定する場合と同じなので、アレンジしながらうまく活用しましょう。

序列をつけるには

私たちの場合は、おもに、「黒/グレー」「太い線/細い線」を組み合わせて序列をつけています(もちろん、「サイズ」を変えたり「余白」を入れたりしてもかまいません)。おおまかなルールがある程度決まっているので、つねにそれに従ってビジュアルヒエラルキーをつけています。

1. タイトルは（序列という観点から見て）、いついかなるときでも「ほかの何より」大事な意味を持っています。重要度は黒の太字で描く場合と同等です。
2. 線を徐々に細くしていくと、重要度の低下を視覚化できます（サブタイトルなど）。
3. 図形や顔などの一般的なコンテンツは黒の細線で描きます。このレベルはさらに、「黒の細線とグレーの影」「黒の細線で影なし」「黒の細い点線で影なし」の３つの下位レベルに分けることができます。
4. 矢印と仕切り線は（ほぼ）つねにグレーで描きます。補助的な役割を担った序列の下位に属するものなので、黒では描きません。目立ちすぎて邪魔になったり、情報を提示する要素と衝突したり競い合ったりせずに済みます。矢印や仕切り線は、読み手の視線を誘導したり、要素を分割したりするときにも使えます。
5. 声を低くして説明するところや確信が持てないところは、グレーの線（または点線）を使います。
6. 黒とグレー以外の色は、強調したいときに使いましょう。結論やまとめ、ユーモアの部分や興味深い点などに関心を集めたい場合にも役立ちます。ただし、やりすぎると効果が薄れるので注意してください（すべての要素にカラフルな色を用いてはいけません）。

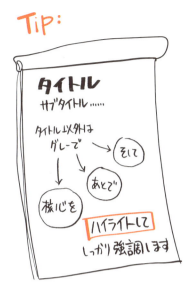

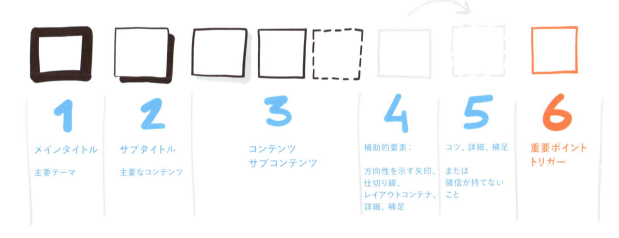

視覚的な序列の例

下の絵を見てください。真っ先に目に入るのは、「Willemien Brand」と書かれた（大きな）バナーです。黒い太線で縁取られ赤く塗りつぶされているので、いっそう際立っています。次に目が行くのは似顔絵です。バナーより下位の要素ですが、重要度は上のほうです（中央に描かれているからでもあります。詳しくは2.5で説明します）。第3のレベルには似顔絵の周辺に描かれている複数の要素があります。いちばん下のレベルに属するのは胴体内に描かれている要素です。そこだけグレーで太線も使われていないので、ビジュアルヒエラルキーで最下位に位置することがわかります。重要度がいちばん低いか、最後に見てほしい要素だと言えます。

注意点：右下の絵に書き込まれた赤丸の数字からわかるように、ひとまとまりの要素内にも（僅差ながら）序列が存在しています。

序列づけの方法：

黒 vs. グレー、太線 vs. 細線、サイズ、色。

TIP
まずはグレーで描いて、
視覚的な序列は
あとで決めていきましょう

視覚的な序列を確認
ビジュアルヒエラルキー

==「序列ができているかをチェック」==できる簡単な方法を2つ紹介しましょう。

1. 自分のビジュアルを初めて見るつもりになって全体にざっと目を通し、次の点を検討しましょう。「ビジュアルのテーマは明確か（目を引くタイトルやバナーはあるか）」「ビジュアルにどんな情報が（どこに）盛り込まれているかがすぐにわかるか」「情報のまとまりには見るべき順番があるか。それはわかりやすいか」「ビジュアルのゴールははっきりしているか（行動喚起は明白か）」

   TIP ほかの人にビジュアルを見せて、質問をしましょう。「最初に目に留まったのは何か」「2番目に目立つことは？」「ポスターのテーマは何か」「コアメッセージは何だと思うか」「このポスターを作った理由（目的）は何だと思うか」

2. 作成したビジュアルがぼやけるまで目を細めてみてください。すると、描かれた内容がぼんやりとした（グレーの）かたまりになって見えるはずです。均等なグレーのかたまりにしか見えない場合は、盛り込んだ情報に相互の違いがあまりない、つまり明白な序列がないという意味です。グレーのかたまりが均等でなく、黒や白、明るい部分が点々と浮かんで見えるなら、要素ごとに差異があるという意味であり、適切な序列が存在しているということになります。

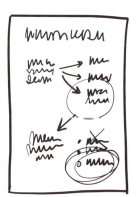

目指すべきは（視覚的に）理解しやすいビジュアルであるのをお忘れなく。

045

2.5 | フレームとコネクタ

ここでは、ビジュアル内の要素を結びつけるコネクタ、分割する仕切り線、まとめるコンテナやフレームの表現を紹介します。

このセクションで学ぶこと
- 説得力あるビジュアルストーリーを作り出すための構成要素(ブロック)

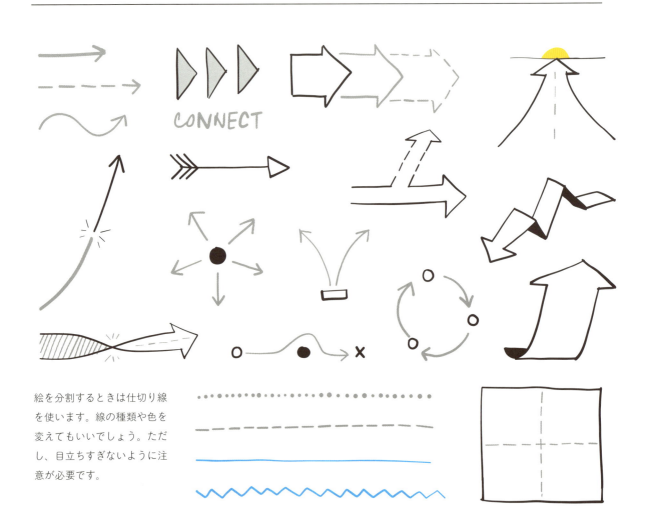

絵を分割するときは仕切り線を使います。線の種類や色を変えてもいいでしょう。ただし、目立ちすぎないように注意が必要です。

要素をコンテナのなかに入れて分別しましょう。ロードマップでよく目にするのが距離の書かれた標識です。時系列順に進む過程における位置（現在地）を示します。

フレームは視覚的な手がかりとして使えます。見る人にわかってもらえるよう、含まれる情報に関連したフレームにしてみるとよいでしょう。

2.6 | 明快でわかりやすいビジュアル

喜ばしいことに、自分の（ビジネス）アイデアを表現しようと、怖れずにビジュアル作成に挑戦する人が増えています。とはいえ、会話や思考の速さに合わせて慌ただしく描いたと思われるものがまだ散見されるのが残念でなりません（右図の左側の絵のように）。単色使いで、盛り込まれている要素はすべて均一なうえに、描き方も雑です。

見て楽しくわかりやすいビジュアルを描けば、好奇心をそそる方法でメッセージを伝えられるのに、せっかくの機会が無駄になっています。

> **このセクションで学ぶこと**
> - 明確に表現することの価値
> - 丁寧に描く姿勢。ワンテンポ置いてゆっくり描く癖。

いまはこんな感じ

いずれこうなるかも

明確に表現する

会話ではだれもが完璧でわかりやすい文章を話そうと心がけています。尻切れトンボになったり、不完全な文法で話したりしないはずです（少なくともそうすべきではありません）。スピーチでは、小声でぶつぶつ話したりせず、言わんとしていることが伝わるよう明確に表現します。こうした自然かつ当然な「ルール」を、ビジュアルを使ったコミュニケーションにも取り入れなくてはなりません。とはいえ、ビジュアルを描いているときはそうは考えないもの。そこで、心がけるべきルールを詳しく説明しましょう。

視覚的にはっきりわかるように

1. 図形や絵を描くときは<mark>始点と終点をしっかり結びましょう</mark>（会話で文章を最後まで言い切るのと同じです）。下の2つの四角形を見てください。左の四角形を見た際、脳は線が4本あると認識し、ほぼ無意識のうちにそれを四角形に変換します。脳には線と線を結びつけて不完全なものを完成させる傾向があるからです。しかし、右の四角形なら、脳はすぐに四角形だと認識できます。頭のなかで線と線を結びつける余分な労力は不要になりますし、誤解も生まれません。

2. <mark>パーツを組み合わせる絵は一体化して見えるように描きましょう</mark>（文字をハイフンでつなぐのと同じです）。下の人型の絵のように、複数のパーツが組み合わさってひとつになるものの場合は、一目でわかるようにつなげてください（左側の絵のように）。

中央の絵もかろうじて頭と胴体がつながっているように見えます。しかし、右の絵は頭が胴体から離れすぎており、人間の上半身として一体化していません。

3. <mark>別々の要素は離して描きましょう</mark>（文章の句読点と同じです）。たとえば顔の場合は、目や口を輪郭から離します。

バナーとフレーム、あるいは建物と地球など、いずれの絵も線が重ならないように離し、違う色を使って描くといいでしょう。

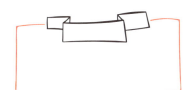

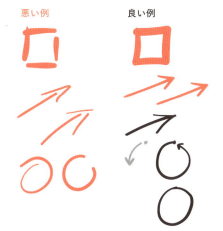

顔の部位や表情を描くときは細いペンを使いましょう

表情を描くときは、顔の部位と輪郭の線が重なったりくっついたりしないように

顔の輪郭と髪は離す

TIP 丸を描くときは、目を始点から離さずにペンを運び、最後にきちんと結びつけます。車を運転するときにハンドルではなく進行方向を見据えるのと同じです！

TIP ビジュアルは急いで描く必要はありません。いつもよりワンテンポ置いて描くようにすると心に余裕ができるので、線を結び忘れることなくスムーズなラインが描け、文字も読みやすくなります。次の章を読む（実践する）ときは、こうした「ルール」を念頭に置いてください！

2.7 | ビジュアルの描き方 まとめ

ポスターを描くとき、私たちは必ず同じ段階を踏んで作業します。その際の基本は「拡散」と「収束」です。はじめに、枝葉を広げるように幅広い要素や可能性を考慮に入れて拡散し、それから不適切なアイデアを取り除き、もっとも妥当なものに焦点を置いて収束することを繰り返します。

2.1 ビジュアルを準備する

準備としてまず、ポスターの目標と対象オーディエンスを確定します。次に、ストーリーを伝えるために必要な要素をすべて列挙します（拡散）。それから、批判的な視点に立って残す要素を決めていきます（収束）。残した要素は分類しましょう。それらはポスターを作り上げていくための構成要素、つまり積木（ブロック）です。ポスターのビジュアルプランはこのプロセスを経るなかで浮かび上がってくるかもしれません。

2.2 メタファー

適切なメタファーを考えます。この作業そのものが完全に独立したプロセスですので、言うまでもなく拡散と収束が起こります。メタファーを考えるとはいえ、実際にはテーマについて話し合う段階ですでにメタファーが使われていることが多いもの。しかし、ほかの選択肢を検討することも大事です（詳しくは2.2を参照）。最初に浮かんだメタファーにチームやオーディエンスからの共感が最も集まる場合も十分にあり得ます。メタファーが適当かどうかを確かめるために、次の質問について考えてください。

- そのメタファーはわかりやすいか。テーマを明確に示しているか。
- そのメタファーはテーマ（ならびに意図すること）についての考え方や意見を導いたり、変えたりするか。

2.3 構図と統一感

次は、メタファーを使って構図を組み立てる段階です。自分の伝えたいストーリーや使いたいメタファーにマッチするプランやレイアウトはどれかを考えましょう。

候補に挙がっているいくつかの構図をざっとスケッチしてみましょう（拡散！）。それから一歩下がって、ストーリーに必要な要素といちばん相性がいい構図はどれかを検討します（収束！）。要素をスケッチ内に描き入れて、配置を比べてみるのも一案です。

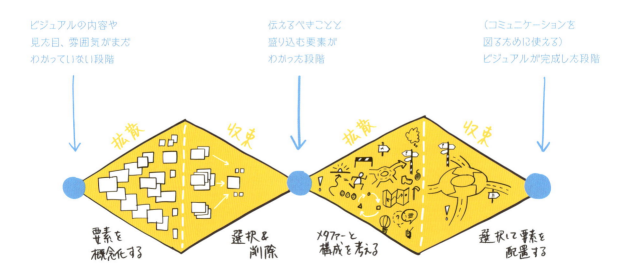

構図が決定したら、次に大事なのは「バランスがとれているか」「(内容を整理して)ポスターを完成させたときに統一感があるか」を確認することです。ポスター内でバランスを図るときは、各要素の「重さ」を考慮するようお話ししたのを覚えていますか？ 統一感は、形状や色などを揃えると生まれます。

TIP 拡散中なのか収束中なのかを説明すると、全員が正しいマインドセットで作業中のタスクを理解できます。

2.4 視覚的な序列
ビジュアルヒエラルキー

ポスターの「最終」デザインを描く際は(ここでも「拡散と収束」が起きます)、ビジュアルヒエラルキーを確立するよう心がけます。フォーカルポイントを打ち立てたり、ビジュアルヒエラルキーをつけたりする方法の概要は、2.4で確認してください。

　ポスターでビジュアルヒエラルキーが十分に表現されているか、適切な要素が適切な位置に配置されていてメッセージが明確に伝わるかどうかを確認する際は、ほかの人にポスターを見せ(自分で確認する場合は新鮮な視点に立ち)、こう尋ねましょう。「最初に目に留まったのは何か」「2番目に目立つことは？」「ポスターのテーマは何か」「コアメッセージは何だと思うか」「このポスターを作った理由(目的)は何だと思うか」

2.5 フレームを使うべきかどうか
（フレームとコネクタ）

私たちはよく、ポスターの周縁に沿ってフレームを描いて全体をまとめます。文字どおり、オーディエンスが見るべき内容を額に入れるわけです。とはいえ、フレームがつねに効果的とは限りません。フレームがでしゃばりすぎないよう、かつ絵を引き立てるよう配慮しましょう（フレームに黒の太線を使うとポスターの重要ポイントと同程度に目立ったりバランスが悪くなったりします）。

2.6 明快でわかりやすいビジュアル

このステップは、ビジュアル作成におけるここまでの過程と同様に重要ですが、実際のデザインを完成させるときにとりわけ大きな意味を持ちます。ビジュアルは丁寧に描きましょう。四角形や丸は始点と終点を結び、ひとつの形状に属するパーツはきちんと一体化させてください。同時に、別々の要素のあいだには十分なスペースを設け、はっきりと区別しましょう。

FINAL TIP 自信を持って！ いつもよりワンテンポ置いて描く（書く）のを心がけましょう。

ビジュアルには、会社のブランド戦略や自分のチームを象徴する色のマーカーを使いましょう。

専門家に依頼して仕上げてもらってもかまいません。しかし、自分や自分のチームが手作りした粗さの残るビジュアルのほうが、整然として美しいポスターや、プロの手によるインフォグラフィックよりも効果的かもしれません。

次に進む準備はできていますか？

ARE YOU READY for the NEXT STEP?

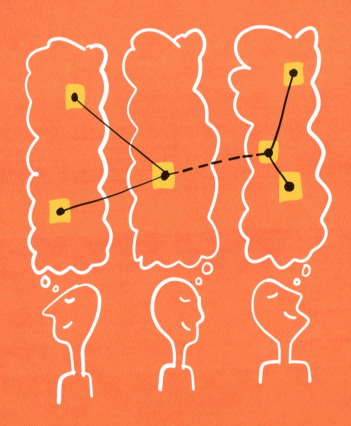

3. いざビジュアル作り

LET'S GET VISUAL

第2章では、ビジュアルを組み立てるために活用できるブロックやコンテナ、視覚的な序列（ビジュアルヒエラルキー）についてと、メタファーを使ってビジュアルストーリーを語る方法を学びました。次は、中身であるビジュアルコンテンツに取り組む番です。

第3章ではタイポグラフィーのほか、基本的な図形を土台に人物やアイコンを描く方法も説明します。『ビジュアルシンキング』でもお話ししたとおり、ピカソのように絵が描けなくても大丈夫。大切なのは、ビジュアルを描く簡単な方法を身につけることと、視覚的な方法でオーディエンスと意思疎通を図ることです。

線が少ないほうがインパクトは強くなります！

　基本的な図形とアイコンを組み合わせれば、あらゆる種類のユニークなビジュアルが次々と描けるようになります。本書では見本や例をたくさん紹介しますが、ヒントや情報はインターネットでも無数に見つかります。

イメージをなぞったり真似たりしているうちに、技術が身につき、うまく組み合わせられるようになっていくはずです。

　ビジネスで使えるビジュアルアイコンが知りたいという要望が頻繁に寄せられるので、本章では参考例を披露しています。言うまでもなく、言葉は文脈やテーマに応じて意味がさまざまに変化します。ほかの人に「コンプライアンス」を視覚化するよう頼んでみてください。三者三様の絵ができあがります。そして、そのどれもが正解です。言葉や文章を的確に視覚化するのに、唯一の正しい方法などありません。

　手描きの文字やイラスト、（ビジュアルの）知識、それに意欲があれば、複雑なテーマや問題について点と点を結びつけ、説得力あるビジュアルを描き出すことができます。そうすれば、理解しやすく記憶にも残りやすいかたちでメッセージを伝えられるでしょう。

3.1	タイポグラフィー	タイトルとコンテンツを描くさまざまな方法
3.2	絵を分解してみよう	アイコンの分解と組み立て
3.3	人物や動作を描く	人物や職業、動作を描くための基本
3.4	組み合わせる	要素を組み合わせて説得力のあるビジュアルを描く
3.5	ビジュアルボキャブラリー	テーマに応じて新しいアイコンを作る方法
3.6	ビジュアルのアイデア	アイコンとメタファーを一体化したビジュアルストーリー

3.1 タイポグラフィー

本書は言わずと知れた、ビジュアルの描き方を説く1冊です。だからといって、言葉を使うなと言っているわけではありません。むしろその逆です！ ただし、言葉を使うときは、わかりやすいか、ビジュアルを引き立てているかという点に気をつけてください。手書きの文字は読みにくいことが多く、読む人／見る人に認知的な負担を余計にかけます。それを避けるにはどうすればいいのでしょうか。また、タイポグラフィーはいつ、どう使えばいいのでしょうか。

> このセクションで学ぶこと
> - タイトルの上手な提示方法
> - 優れたコンテンツを簡単に作る方法

タイトル

タイトルは、内容を1つの単語か短い文章に要約して大きく掲げます。シンプルな大文字や縁取り文字（袋文字）を使ってください。もっと目立たせたいときは、影をつけたり、コンテンツ全体を囲むフレームを描いたりします。

TIP アルファベットの横の線に工夫を凝らすと、いつもと違う雰囲気の文字になります。

大文字

文字と文字のあいだを広く空けましょう。文字の高さも揃えます。

縁取り

とても目を引く方法です。縁取り文字を立体的にしたり影をつけたり、または単語全体を縁取ったりすると効果的です。

サブタイトル

テーマやカテゴリを表す見出しも重要なので、普通のコンテンツより目立たせなくてはなりません。ただし、主要メッセージやタイトルの邪魔にならないよう配慮してください。

縁取り文字を書いたことがない？　そうしたらまずは、普通に文字を書いてください。それから周囲を輪郭で囲むと、型で抜いたような文字に仕上がります。

コンテンツタイプ

私たちがコンテンツを手書きするときによく使うのが、「2ステップフォント」と名付けた小文字です。このフォントの利点は、ほぼすべてのアルファベットが2画で済むこと。

文字で遊びたいときは、すべての縦線を上下に長めに伸ばしてみてください。私たちもよくそうしています。

線と線は必ず結ぶこと。すき間は空けないで！

TIP 自分の字に自信がない？　だったら、2ステップフォントに挑戦してみて。かなりきれいに書けます。縦線（斜めにならないようまっすぐに！）が揃っていると、シンプルで一定のリズムがある字になります。

線を伸ばせるようスペースを余分に

← 文字が絵を
うまく引き立てて
います

apple
^ ^ ^
スペース

APPLE ― 同じ高さ

apple ✗

余白の素晴らしさは、いくら強調しても足りないほどです。余白があったほうがずっと見やすく、書くスピードも落ちるので、より丁寧な文字が書けます。

急いで書かず、文字を「描く」ようにして。いつもより遅めにペンを運び、文字をブロックに区切るつもりで。大切なのは読みやすさです！

TIP すべて「大文字」で書くと、いつもの文字より整って判別しやすく（わかりやすく）なります。ビジュアルがプロっぽく見えますよ。

ペンが変われば文字の雰囲気も変わります！　持ち方を変えるだけでも違いは歴然。種類や色の異なる筆記具をいろいろ試して、お気に入りを見つけましょう。

スペースは　十分に

TRY USING ALL CAPITALS. BE
CONSISTENT. MAKE LET-
TERS THE SAME HEIGHT
AND MAKE SURE YOU LEAVE
ENOUGH SPACE BETWEEN
THEM

すべて大文字で。書き方は終始一貫させましょう。高さを揃え、単語と単語の間を十分に空けます。

タイプライター風フォント

古いタイプライターで打ったような文字にしたかったら、まずは普段どおりか、2ステップフォントで書いてください。それから、先端に短い線をつけ足します。ほら、いい感じでしょう！

d d　　T T　短い線を
　　　　　　　ちょっと足すだけ

abcdefghij
klmnopqrst
uvwxyz

ABCDEFGHIJ
KLMNOPQRST
uvwxyz

TOP TITLE HEADER

タイトルにも
ぴったり！

筆記体

ハンドレタリング好きの人ならきっと筆記体が気に入るはずです。学校で習った筆記体は、引用部分やセリフ、短文にとても合います。ほかのフォントと組み合わせても効果的です。

old school handwriting

oh tar

BUSINESS
drawing

ループを描きながら
文字をつなぐ

2種類のフォントを
組み合わせて

3.2 | 絵を分解してみよう

複雑なビジュアルの描き方を学ぶためには、はじめに絵を構成しているパーツを個別に見ていかなくてはなりません。ビジュアルはすべて、単純なものでも複雑なものでも、基本的な形状やフォルムが組み合わされてできています。1冊目の『ビジュアルシンキング』では、シンプルな基本線や基本形を組み合わせれば、描きたいモノが簡単に描けるとお話ししました。

このセクションで学ぶこと
- 基本的な線や形の描き方
- ビジュアルの分解方法
- 基本的な形状を使って新たなイメージを組み立てる方法

↳ 絵が描きやすくなるよ

遠近法を使ったり立体的な3Dの絵を描いたりするのは難しい？　心配は無用です。そうした表現を使う必要はありません。

文字が書けるなら絵も描ける

鏡文字を書こうとすると、文字も図形であることがよくわかります。ひとつひとつの文字が不意に図形のように浮かび上がってくるのです。これは驚きの発見です！

マルティン・ハウスマン著『UZMO, thinking with your pen〔UZMO、ペンを使って考える〕』では、文字を図形としてとらえ、アルファベットの「UZMO」を組み合わせて電球を描く方法が紹介されています。「目からうろこ」ですよね！

輝きを表す効果線は黒以外で

UZMOで電球を描くように、アルファベットを組み合わせてオリジナルの絵を考案してみませんか。たとえば、「VOICIS」の6文字だけで、地平線から朝日が昇る絵が描かれた吹き出しが完成します。アルファベットは逆さまにしたり裏返したりしてもかまいません。

> **TIP** 自分独自のUZMO風イラストを考案してみましょう。楽しいうえに覚えやすいですよ。

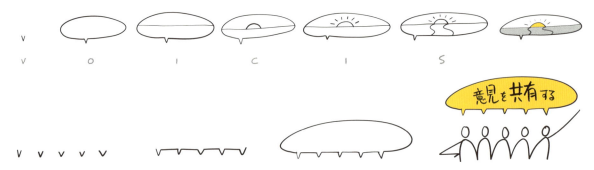

絵を分解する

アルファベットと基本的な図形を知っているだけで、ほぼ何でも自由に描けることがわかりました。あとは、始め方さえわかればいいのです。では、このメソッドを理解し、実践していくために、いくつかの絵を分解してみましょう。P8で紹介した効果的なコミュニケーション・トライアングルのように、イメージを描くことは、メッセージを明確に伝えたいときに役立つコミュニケーションの一形態です。でも、ビジュアルを描いて意思疎通を図るとはいえ、3Dや遠近法などのテクニックは必要ありません。もちろん、それらの表現が話のテーマである場合は別ですが。

前章の2.4で視覚的な序列(ビジュアルヒエラルキー)を取り上げた際、オーディエンスはビジュアルを前にしたとき、まずは全体像を見てから、個別のアイコンや絵、要素に視線を向けていくとお話ししました。さらに踏み込めば、ひとつの絵を前にした場合も同じであることがわかります。右上の絵を見てください。すぐにゾウだと認識できますが、ゾウを作り上げているさまざまな形や線には目が行きません。

ゾウを描くのは難しそうですが、心配無用！ よく見ると、胴体が楕円形だとわかります。頭部は丸で、脚は長方形です。まずは==いちばん大きな形==を見つけ出してください。そこから取りかかります。

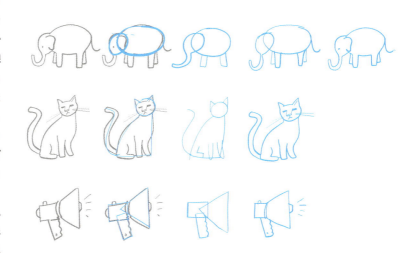

> **TIP** 自分で描いた絵がちょっと角張っているなと思ったら、角を丸めてやわらかい雰囲気を出してみてください。鉛筆かグレーのマーカーで下描きをしてから、黒やほかの色でなぞってみましょう。

絵の足し算

さまざまなもの（あるいは文字）が基本的な形や線から成り立っていることが見え始めると、絵を描くことは一気に簡単になります。それどころか、足し算でも絵が描けるのです。3.4では異なるアイコンを組み合わせてビジュアルを作り上げていく方法をお話しします。その前にまず、ビジュアルを分解し、アルファベットの形や基本となる形を抜き出してみましょう。

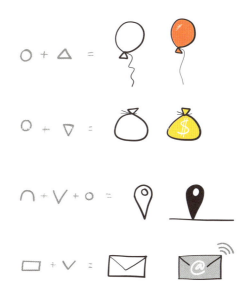

3.3 | 人物や動作を描く

このセクションで学ぶこと
- 人物や職業、動作をシンプルに描写する方法

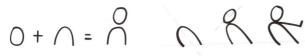

基本的な形状について、また形やアイコンを組み合わせれば絵が簡単に描けることについてはもうおわかりですね。ここからは具体的に説明していきます。

まずは基本的なフォルム、人、顔の表情、動作を、続いて人物像（ペルソナ）やアイコンなど、仕事で役立つものを見ていきましょう。ビジュアルを描くときに真似をしたり組み合わせたりできる見本をたくさん紹介します。

顔の表情を描く

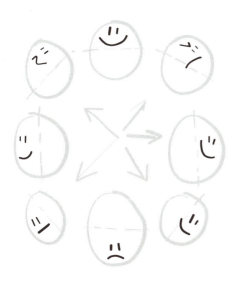

視線の描き方を示した上の「円チャート」を見ると、目の向きをはっきりさせる方法がわかります。表情を描く際にも参考にできます。

描いている人物の視線の方向をはっきりさせると、絵がよりいっそう際立つうえに、ストーリーにも説得力が増します。視線の描き方を示した左の円チャートを参考にしてください。

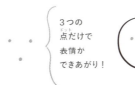

3つの点だけで表情かできあがり！

目を点（ドット）ではなく線にすると、より細かい表情がさっと描けます

動作を描く

視線の向きや表情だけでなく、人の姿勢や動きもいろいろ変化させることができます。次ページ上部の風船を追いかける人の絵を見るとわかるように、胴体をうまく使うと動きが表現できます。また、表情をつけたり動きを示す効果線を加えたりしてもいいでしょう。

姿勢がうまく描けないと思ったら、だれかにモデルになってもらうか、自分でポーズをとってみましょう。あるいは、がんばって想像力を働かせてみてください。

基本の姿勢

基本の姿勢＋
感情を示す効果線

基本の姿勢＋
表情

基本の姿勢＋
表情＋
感情を示す効果線

↑
急いで描いているときは
効果線を使うのがいちばん

TIP 腕は胴体ではなく肩から伸ばしましょう！

腕？

前章2.4で説明したビジュアルヒエラルキーは、さまざまなポーズや動きをした人物の小さな絵にも取り入れることができます。絵の中心となる部分に異なる色で動きを示す効果線や強調線を加えてみましょう。絵が理解しやすくなり、オーディエンスは興味をそそられるはずです。

TIP 動きのある絵では腕や脚を曲げる方向に注意。そうしないと骨折しますよ！

動いている人を描くときは、胴体から描き始めるようにします。動く方向に向けて胴体を斜めに描き（上の走っている人を見てください）、そこに頭、腕、脚、効果線を足していきます。

あれこれアレンジしてももちろんかまいません。胴体と脚をひと息に描いたり、胴体を四角形にしたりするなど試してください。

「達成」を異なるスタイルで表現した絵

ペルソナと職業

仕事で絵を描くときは、職業や人物像(ペルソナ)を視覚的に表現しなければならないことがあります。何だか複雑そうですが、基本的な人間の描き方をマスターすれば、それほど難しくはありません!

描きたい人物像や職業を思い浮かべてください。どんな外見やステレオタイプがありますか。イメージを単純化させると、複雑な概念をアイコンに落とし込みやすくなります。

家族や集団を描く場合は、胴体の腹部に年齢を書き込むだけ! たとえば、髪の毛をグレーのペンで銀髪に染め、眼鏡をかけ、お腹に82と書き入れれば、おばあさんの完成です。

TIP 職業の描き方がわからないときは、アイコン検索サイト「Noun Project(thenounproject.com)」などを見るか、グーグルで画像検索をして参考にしてください。試しに「lawyer(弁護士)」のアイコンを検索して、どんな結果が出てくるか見てみましょう。

トレードマークの黒いタートルネックを着たスティーブ・ジョブズがどれかわかりますか?

相互作用とストーリー
インタラクション

人間の表情や姿勢、動作が描けるようになれば、ストーリーを視覚化できます。

物陰からこちらをのぞき込む人（左上の絵）のストーリーを考えてみましょう。だれかを起こそうとしているのでしょうか？　その人はジムに通っているでしょうか？　実はスーパーヒーローかもしれません。

描きながら、ビジュアルをどんどん発展・拡大させてください。たとえば、チームと話しながらビジュアルを作成していく間に、ストーリーが膨らむこともあるでしょう。

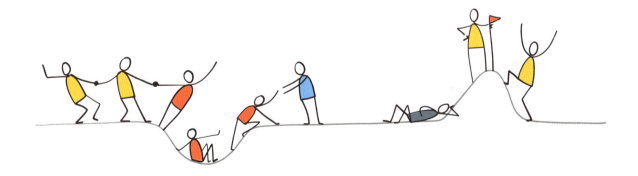

3.4 組み合わせる

ビジュアルストーリーを作成するにはまず、描く内容の概要と、そのために必要な構成要素を把握しなければなりません。どんなストーリーでも、テーマの核心を言い表すキーワードがいくつかあります。そうしたキーワードこそ、ビジュアルのなかで表現すべき、重要な要素です。

シンプルなアイコンだけではストーリーが十分に伝わらないときがあります。その場合は、メッセージが的確に伝わるようアイコンを組み合わせるのがいちばんです。視覚化したいキーワードをいくつか書き出したら、グーグルの画像検索ページを開きます。それから、キーワードに続けて「アイコン」や「ベクター［線で図形を描画した画像。ベクトル画像とも言う］」「イラスト」などと入力すると、そのワードを象徴するイメージが見つかります。

キーワードごとにあらゆる検索結果が得られるので、「グーグルで検索する・組み合わせる・描く」作業を繰り返してください。

ピンとくるコンビネーションが見つかるまで、パズルをするように何度も組み合わせてみましょう。この作業をとおして、独特のストーリーができあがっていきます。以降のページでサンプルを載せるので、参考にしてください。

> **このセクションで学ぶこと**
> - 文脈やアプローチの方向性に応じてアイコンを組み合わせ、訴求力のあるビジュアルを作成する方法

■

■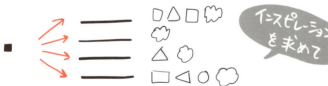

TIP 見つかったアイコンやそのコンビネーションはすべて、スマートフォンかPC、専用のノートに記録・保存しておきましょう。

■

TIP 創造力を働かせましょう。アイコンの本来の形にこだわりすぎないように！

3.5 ビジュアルボキャブラリー
テーマ別アイコン

ここからは、テーマ別にアイコンの例を紹介していきます。自分の描きたいテーマの参考になるものを探して、真似たり実際に描いたりしてください。

- アクション！
- スクラム＆アジャイル
- アイデア、イノベーション
- 目的探し
- 教育、学習
- 抵抗、障害
- IoT（モノのインターネット）
- 意思決定
- 実装
- あれこれ
- グループダイナミクス
- ステークホルダー

> **このセクションで学ぶこと**
> - 多様なテーマで、基本的なアイコンを描く方法

アクション！

スクラム&アジャイル

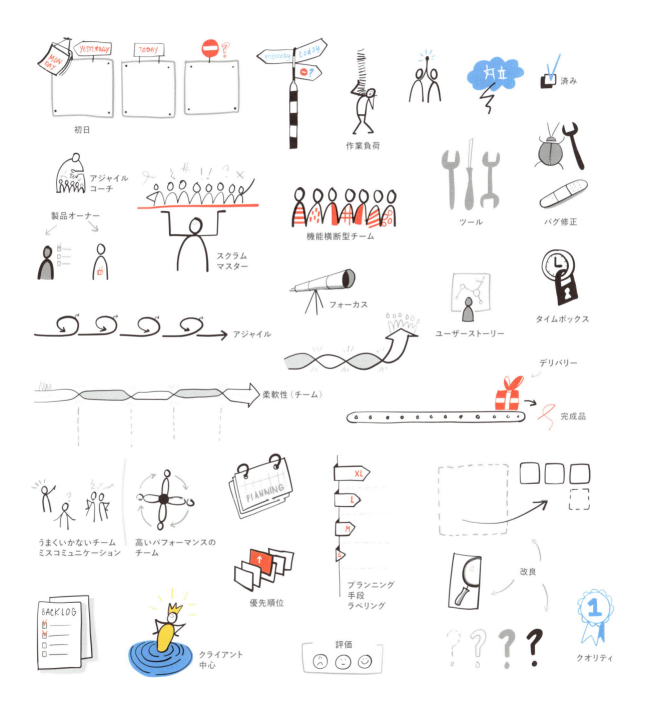

アイデア、イノベーション

TIP　「イノベーション」のように広い意味を持つ用語の場合は、ひとつのアイコンに絞り込むのはきわめて困難なので、前述したようにアイコンを組み合わせましょう。

小さなバイキング「ビッケ」

目的探し

教育、学習

直感的な知性

抵抗、障害

IoT（モノのインターネット）

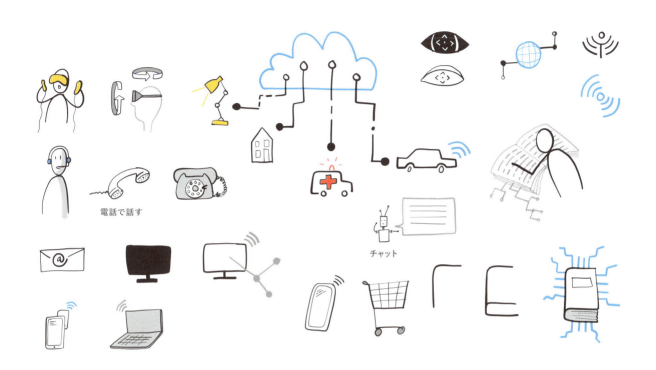

意思決定

実装

継続

あれこれ

保険　　　　　　　　　　　　　　　　　　　　　「あえて違う方向性に」

グループダイナミクス

ステークホルダー

3.6 ビジュアルのアイデア

> **このセクションで学ぶこと**
> ● アイコンとメタファーを連携させる方法

アイコンとその組み合わせ方はもうわかりましたし、ビジュアル内における序列や色、プランの構成についても理解しました。では次に、ここまでに学んできたことをうまく織り交ぜたときに、どのような視覚的インパクトがあるのか、見本を含めて紹介します。

テキストを入れる場合でも、文章は用いません。とはいえ、==キーワード==を必要箇所に書き入れないことには、ビジュアルを理解するのが難しくなります。

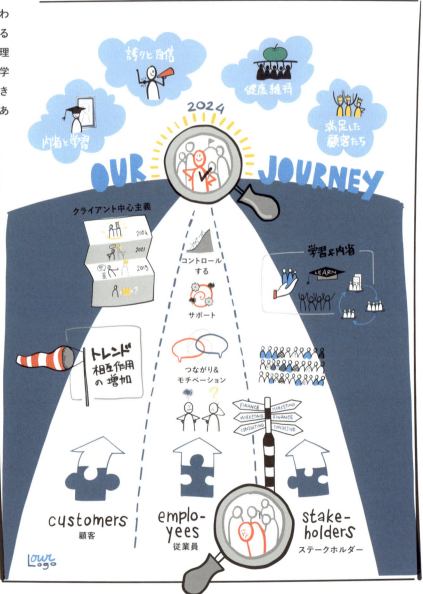

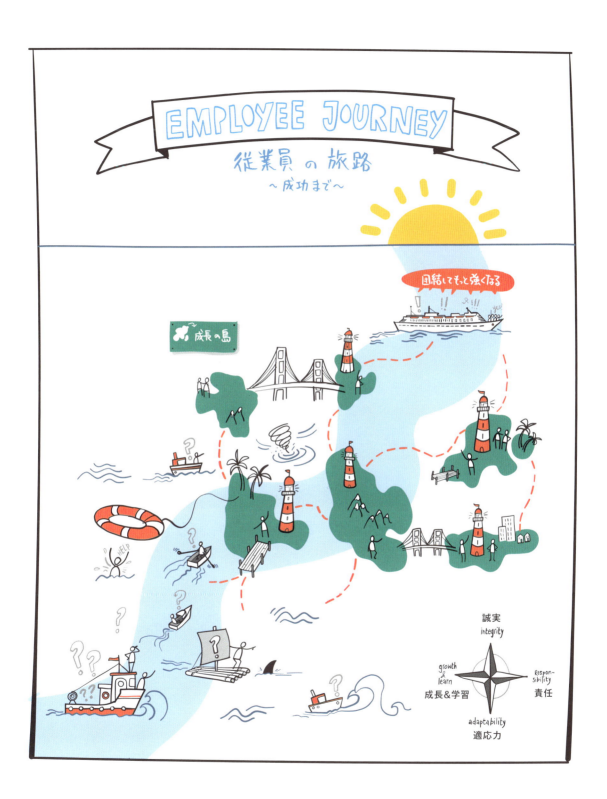

4. ビジュアルドゥーイングを日々実践：ME
DAY-TO-DAY BUSSINESS: ME

基本が身についたところで、早速ビジュアルドゥーイングを日常の仕事に取り入れていきましょう。まずはだれよりも先に「あなた自身」が視覚化に取り組む姿を見せてください！

ビジュアルドゥーイングを実践すれば、日々の業務が進化します。視覚化の導入は、より楽しく働けるようになるための手段のひとつです。中身の濃い議論を交わしたり、全体を俯瞰したり、複雑な問題を解決したりするためには、新たな試みに挑戦することも必要でしょう。

まずはごく簡単なことから始めてください。一、二歩踏み出すだけで、ワークライフが変化することにきっと気がつくはずです。本章では以下の重要ポイントを学んでいきます。

4.1	自分を表現する	注目を集める自己アピール術
4.2	広い視野から見たME（わたし）	進むべき道や果たすべき使命を見つける
4.3	ビジュアルノートテイキング	視覚的な記録の取り方
4.4	心を通わせる話し合い	絵を介して会話を深める
4.5	視覚的に整理する	プロセスを視覚化して整理する方法
4.6	問題を視覚的に解決する	ベストな解決策へと導く視覚的手法

4.1 | 自分を表現する

会社やチーム内でもっと注目されたい。これまでと違うやり方で自分をアピールしたい。別の方法で（未来の）同僚と理解し合いたい──。ビジュアルは、履歴書を作成したりチームに自己紹介をしたりする際にも重宝する強力なツールです。

私の家族
私のゴール

どんなときに使うの？
- 同僚やクライアントと異なるかたちでつながりたいとき
- インパクトのある第一印象を与えたいとき

どこから始めるの？

自分について何を伝えたいですか。自分を売り込むにあたっては、相対する概念をベースにすることを私たちは勧めています。たとえば「仕事vs.私生活」「現在vs.未来」（あるいは「夢vs.野望」）、「元気が出るものvs.退屈なもの」「自分の目から見たいまの世界vs.自分が望む世界」というようにです。

視覚化する

自己紹介では自分が主役です。ゆえにマンダラかフォーカスを使ったビジュアルを描くことが多いのですが、ほかのプランでもかまいません。パスポート風や通常の履歴書形式、状況に見合ったメタファーなども試してみてください。

TIP 自分の不安や弱さを思い切って見せてみましょう。その勇気をきっと買ってもらえるはず。それが興味深い会話の糸口になるかもしれません。

どんな内容を盛り込むの？

- 氏名
- 自分の似顔絵
- 夢
- 野望
- 本質
- スキル
- 情熱の対象
- 使命

私の情熱

TIP 2.4「視覚的な序列」の「序列をつけるには」を参考にしてください。

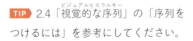

マンダラ

フォーカス

『ビジュアルシンキング』の4.1「ビジョンの形成／目的探し」も参考にできます。

自分の似顔絵を描く

似顔絵なんて自分のでも他人のでも、描くのは難しいと思っていませんか。さにあらず！ 鼻やしわ（要りません！）、瞳やまつげといった細かい描写は省略すればいいのです。

自分の似顔絵を上手に描く9ステップ

1. はじめに大きなUを描きます。髪が短い人は耳もつけましょう。
2. 髪の分け目はどこですか。そこから左右に線を引けば前髪になります。
3. 頭（髪）の輪郭を、カールやウェーブを強調しながら描きます。
4. 薄いあごひげは点で（明るい色かグレー）、濃いあごひげは細い線で描きます。
5. 目は縦線を引きます。
6. 口はにっこり笑っているようなラインで。
7. 次は体です。逆さまのUを（頭より大きめに）描きます。
8. シャツやセーターの襟と柄も描いてください。だれなのかがもっとわかりやすくなります。
9. お腹か頭の上に名前を書きます。

TIP 会議が始まるときに同僚の似顔絵を描きましょう。カンバンボードのアバターにもできます。

会議の冒頭にチームメンバーの似顔絵を描いてフレームで囲ってみましょう。基本の頭と体に加え、その人を表す特徴を描き入れるだけで十分です。

4.2 ｜ 広い視野から見たME（わたし）

自分が成長したら何をしたいかを想像するとき、そこには周囲の人の考えや「こうあるべき」という思いが反映されています。けれども、自信を持っている分野や、クリエイティブな能力、追い求めたい自分なりの使命に従った場合は、どのような道を歩むことになりますか？

仮にあなたはいま、私生活かキャリアにおいて岐路に立っており、新たな道、進むべき方向性、次のステップを見つけたいと思っているとしましょう。そんなときは視覚的な方法を使うと、広い視野に立って自らの人生や進みうる新しい方向性を眺めることができます。ここでは、全体像を描き出す方法を説明しましょう。これから描くビジュアルでは、あなたの個人的な夢や使命、ビジョン、これから歩むであろうステップ、その道中で直面する迷いやリスクが明らかになります。それを見ているうちに、進むべき方向や進みたい道が定まってきますし、他人の意見を聞きたいときにも楽に内容を共有できます。

ステップ0：重要な出来事をリストアップする

これまでの人生で順風満帆だったときや苦難に満ちていたとき、転機などを、紙1枚につきひとつずつスケッチし、並べてぶら下げます。4〜8枚が目安です。

どんなときに使うの？
- 新たな方向性を描きたいとき
- 仕事や人生における次のステップを導き出したいとき

過去の重要な出来事が未来を教えてくれることがあります。
過去を振り返っていろいろなことを思い出してみましょう。スマートフォンに保存された写真を見返してみて！

ステップ1：MEを見つめる

また新しい紙に向かい、自分という人間を絵で表現してみましょう。4.1「自分を表現する」を参考にしてください。

ステップ2：広い視野から眺める

ステップ1で描いたものの周りに、自分を取り巻く状況を描きます（それらがビジョンに影響を与えます）。挑戦してみたいことは何ですか。潜在的な脅威はどこにありますか。それからどう身を守りますか。思考停止に陥らないようにするにはどうしますか。

ひと休み！

ステップ3：空想＆夢を描く

空想すれば、自分が抱いている夢が鮮明になり、その夢の達成に向けて祈り、願い、努力できるようになります。

リラックスできる音楽をかけたら、私生活と仕事の両方のシチュエーションで、1年後、2年後、5年後の自分にとって理想的な1日を思い描いてみましょう。とにかくどんどん描いてください。

ステップ4：
ヒーローイメージを描く

ここまでに描いた内容を選り分けて厳選します。それからまた休憩をはさんでください。

　作業を再開したら、ロードマップの到達点である地平線にどんなヒーロー像を掲げたいかを考えましょう。夢を追う自分を鼓舞し活力を与えてくれる、たったひとつのヒーロー像です。ドリンク用コースターに描けるくらいまで、余分を徹底的に削ぎ落して本質部分を絞り込んでください。

ステップ5：計画する

掲げた夢を叶えるための計画を練る段階です。まずはメタファーをひとつ設定します。自分が歩んでいく旅路をたとえたメタファーがあると、夢を持ち続けられるうえに、予想外の障害や回り道にも対処しやすくなります。ゴールにたどり着くために必要なものを明確にしましょう。それは特定のスキルや人脈ですか？　段階的な達成基準(マイルストーン)ですか？　全体の計画を立てるのが難しすぎる場合は、夢に少しでも近づくためにできうる最初のステップだけでも決定してください。

計画に盛り込む内容

- だれ（Who）？／なに（What）？
- なぜ（Why）？
- 目標は（Where to）？
- どうやって（How）？（できる限り具体的に）

TIP　ヒントを得るためにストーリーキューブ［さまざまなイラストが描かれたサイコロを転がし、出た目をもとに即興で物語をつなげていくゲーム］を使ってみるのも一案です。または、「夢を叶える方法（How）」を何種類かのシナリオで想定してみてもいいでしょう。

4.3 ビジュアルノートテイキング

どんなときに使うの？
- 積極的に聞く姿勢を持ちたいとき
- 確認用に視覚的な記録を取りたいとき
- コンセプトやアイデアを理解・表現したいとき

私たちは「グラフィックレコーディング」、つまり会議や話の進行に合わせてその場で内容を視覚的に記録していくやり方を多用します。方法は多々ありますが、とくに好んでいるのが、エバ・ロッタ・ラムが考案したシンプルなノートテイキング術「5 Steps for note-taking〔5段階式ノートテイキング〕」です。

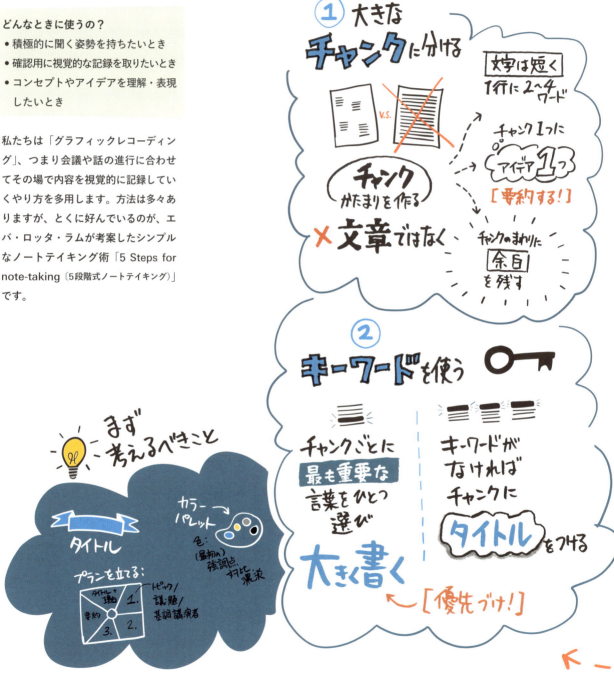

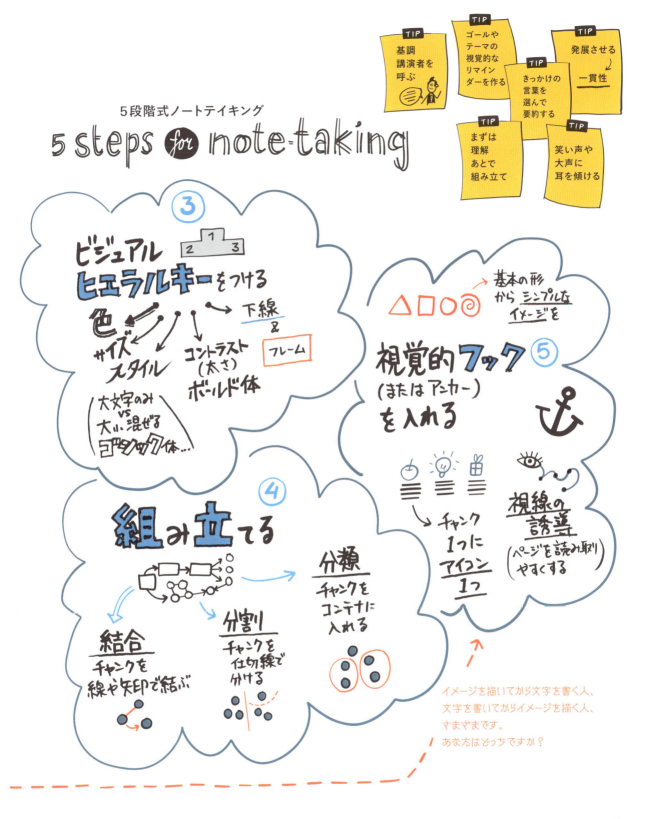

4.4 | 心を通わせる話し合い

日々体験していることですが、イメージを用いると感情により強く働きかけることができます。問題を話し合う場で絵の力を借りると、緊張感や相手からの圧力が薄れて楽になり、心に訴えかけるような議論が可能になるのです。会話をより深いレベルへと持っていける簡単かつ楽しい方法、それがビジュアルの使用です。とはいえ、トピックやテーマという観点からだけでなく、感情に訴えかけ、参加者の絆をより強めるという意味において、ビジュアルをどう取り入れればいいのでしょうか。ここでは、人と人の橋渡しをし、より一体化して持続可能な会話を生み出すコミュニケーションについてお話ししましょう。

どんなときに使うの？
- 同僚やクライアントともっと絆を深めたいとき

絵を描くことのメリットとは？

- 議論の場での対決姿勢が弱まります。互いに面と向かうだけでなく、肩を並べてビジュアルに目を向けるようになるからです。
- ビジュアルが発端となって質問が出ます。一方、声だけを使った話し合いは、互いの発言に対する反応の応酬になりがちです。
- 質問に対して言葉ではなく絵で回答すると、心に訴えかけられます。「手で思考する」ようになり、言葉の選択や文法の使い方が原因で壁ができてしまうことがありません。
- 静かに絵を描きながら質問への答えをじっくり考えると、質問の本来の意味に集中できるようになります。一方、会話の場合は、回答内容が流されやすかったり、表面的なものにとどまったりしがちです。会話を支配する人が話をそらすこともあります。

- 会話において私たちは、発言を差し控えることが多々あります。些末だと考えたり、言いにくいと躊躇したり、ただ何を言おうとしたか忘れてしまったりするからです。

ビジュアルはどんなときに使うの？

- お互いを知り、気持ちを通じ合わせたいとき
- フィードバックを提供・要請するとき
- プロジェクトの進捗を話し合うとき
- 状況について議論するとき
- 問題を解決するとき
- 対立を検討・解消するとき
- 問題の概要をまとめるとき
- 情報を共有するとき
- 暫定的な評価を下すとき

ほかにはどんなときがあると思いますか？

ビジュアルの取り入れ方

1. ひな形を用意し、事前に自分で描いておくか、話をしながら一緒に描き入れます。
2. 自分かほかの人がビジュアルを描いてから、できあがった内容について話し合います。
3. ひとつのビジュアルを交代しながら共同で描いて仕上げていきます。
4. 話し合いの最中に、自分が言わんとする要点や気持ちを説明したり、結果を書き留めたりするためにその場で描いていきます。

だれもが話し合いで心を通い合わせたいと思っているわけではないので注意が必要です。それを唯一の目的にしてはいけません。大切なのは、有意義で質の高い話し合いを行なって関係を深めることです。

これから始まる話し合いにふさわしいアプローチ方法は何かを判断するにはどうすればいいのでしょうか。わからないときは、以下の質問に答えてみましょう。

1 だれと、何のために話をするの？

2 会話の狙いは何？
どんな結果を求めているの？

3 自分は情報を伝えたいの？
集めたいの？
提供し合いたいの？

4 相手は何を期待しているの？

5 相手の態度を左右しそうな
関連問題はある？

6 どの程度まで会話を
リードできるの？
あるいはリードしたいの？

7 難しい話し合いになりそう？
考えられるシナリオは？

8 どの程度まで互いに
同意できるの？

9 自分は率直に話をしたいの？
どのくらい率直になれるの？

相手に率直な意見を
述べてほしいなら、
これはマスト

089

4.5 視覚的に整理する

ここでは、取り組み中のプロジェクトや自分に関係のある情報、責任のあるプロセスなどを整理する方法を見ていきます。

本題に入る前にお話ししておきたいのは、人はみな三者三様であるということ。ですから、各人に最も適した整理法をそれぞれ見つけなくてはなりません。また、思考スタイルもさまざまなので、整理に際してはその点も考慮する必要があります。

いろいろなタイプの人

- 分析好きなタイプ：事実や情報を好みます。
- イノベーティブなタイプ：新しいアイデアや冒険を好みます。
- 社会的なタイプ：人が好きで、結びつきを求めます。
- 行動派タイプ：物事を処理・達成するのが好きです。

私たちの整理法

1. 収集と視覚化：分類します。
2. 並べ替えと構築：論理的なつながりを探し出します。
3. 順序づけと優先化：内容を把握し定義します。
4. 計画／経過追跡

どんなときに使うの？
- 全体像を明確に描きたいとき
- 洞察と理解を得るための視覚的構造がほしいとき
- 集中力を維持するための視覚的かつ物理的なリマインダーがほしいとき

TIP 自分またはオーディエンスの思考タイプに適したシンボルや構造を活用しましょう！

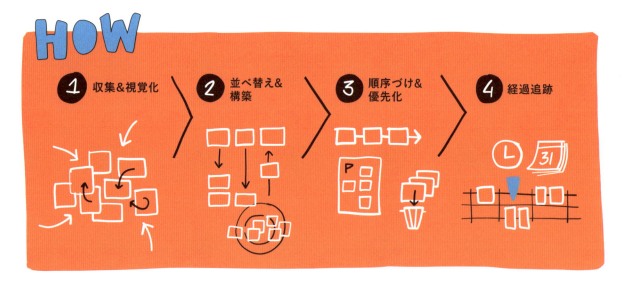

視覚的に整理できるもの

A 計画 PLANNING

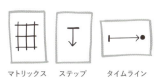
マトリックス　ステップ　タイムライン

計画を視覚化する場合は通常、時間を起点にします。そして、やりたいことや誰かと会う予定について計画を立てながら、時間を最大限に活用することを目指します。

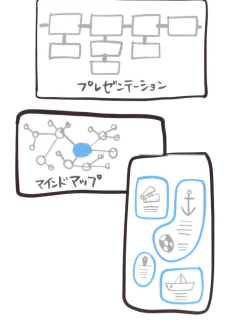

B 情報 INFORMATION

マンダラ　マトリックス

情報や知識を整理して、それらの事柄について理解を深め、あいだに隠れているつながりを新たに見出していくのが、情報の視覚化の目的です。

C  プロジェクト PROJECTS

マンダラ　リスト　ステップ　ロード

タイムライン

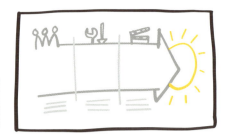

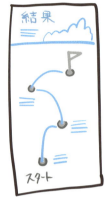 

プロジェクトでは、具体的なゴールや得るべき成果が設定されており、期間も定められています。視覚化にあたっての起点は、ゴールまたは望ましい成果です。そこから、プロジェクトの経過を把握し、変化に対応できるようリソースや質、時間について全体像を描くことを目指します。

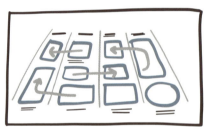

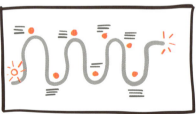

D  プロセス PROCESSES

リスト　マトリックス　ロード　タイムライン

プロセスにははっきりとしたサイクルが存在し、プロジェクトと同様、始まり、中間、終わりがあります。ただし、このサイクルは時間とともに繰り返されます。プロセスを視覚化する際の狙いは、「進行について洞察を得ること（どうすればより円滑に／効率的に進められるか）」、もしくは「すべてのステークホルダーに向けてプロセスを明確化すること」のいずれかです。

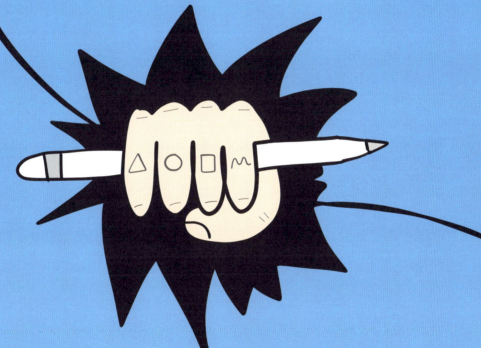

4.6 | 問題を視覚的に解決する

「問題なんてない。見えるのは挑戦だけだ」というセリフをよく耳にします。とはいえ現実的に考えると、私たちは日ごろから多くの問題に突き当たっています。それらを視覚的に解決するうえで役に立つのがこのセクションです。これから紹介する解決法は、広く知られているマーケティング／戦略モデル、ならびに私たち自身の経験に加え、ダン・ローム著『4日で使える 実践！超ビジュアルシンキング』(小川敏子訳、講談社、2011年)と、渡辺健介著『世界一やさしい問題解決の授業―自分で考え、行動する力が身につく』(ダイヤモンド社、2007年)』をもとにしています。

なぜ問題を視覚的に解決するの？

視覚的な方法を取り入れると、問題を深く理解できるうえに、そもそもの根本的な原因を発見しやすくなります。また、問題を合理的かつ感情的に見つめるきっかけにもなります。私たちは問題の解決にあたって、文字を書いたり、絵を描いたり、ビジュアルテンプレートを使ったり、解決策を視覚化したりしながら、正しい決断を導き出しています。

解決策に飛びつかない

問題に突き当たったからすぐさま解決法を見つけ出さなければならない――。クライアントと視覚化に取り組んでいると、そんな姿をしばしば目にします。人間は問題を抱えた状態を好まないのか、できる限り速やかに解決しようとするようです。とはいえ残念ながら、それでは根本的な問題の解決に至らないので、問題は再発します（悪化や拡大の可能性もあります）。ですから解決策に飛びつかないでください。それよりも、時間をかけて問題を深く分析し、根本的な原因を見つけ出し、熟考を重ねて、建設的なやり方で解決できるような決定を下したほうがいいのです。

> **どんなときに使うの？**
> - 解決策に飛びつきたくないとき
> - 4段階の問題解決法が視覚的にどう機能するのか知りたいとき
> - 視覚的な問題解決法という異なるアプローチに挑戦したいとき

問題を見つける

ステップ1：
問題を視覚化する

まずは、問題を視覚化して深く理解することに努めましょう。

1. 問題の本質を探るべく、Who（だれ）、What（なに）、How much（どのくらいの量）、Where（どこ）、When（いつ）、How（どのように）、Why（なぜ）と問いかけます。直感で答えてみましょう。

私の問題

どんな問題もひとつひとつ異なるピザである。　by ダン・ローム

094

2. 次に、問題を象徴するシンボルをひとつ考え出し、問題をシンプルに説明しましょう（子どもに話すように）。
3. 「なぜ、だれ／なに、どのくらい どこ、いつ、どのように」を使って質問を2、3個ずつ書き出します。次のステップに進むために、上位3〜5個の質問に色をつけましょう。
4. ダン・ロームのピザを参考にしながら、色をつけた質問に対する答えを絵で表現します。絵によって問題がクリアになっていますか？ 問題の全体像が描けるまでこの作業を続けましょう。
5. 問題の全体像を論理的に描きます（シンプルかつ象徴的な絵を目指してください）。

ステップ2：
根本的な原因を探し出す

根本的な原因を探し出すために、私たちは「5つのWHY」というテンプレートやルート・マインドマップを使います。

1. 紙を2枚用意し、それぞれに大きなクエスチョンマークを縁取り文字で描き、なかを5分割します。そして、クエスチョンマークの上から下に向かって、次の質問に5回連続で答えます。
   - どうしてこれが問題なのか。
   - どうしてこの問題が起きるのか。
2. 大きな白紙を1枚用意し、その中央に絵や文章で問題を描き入れます。それを、木の幹だと想像しましょう。そして、そこから外に向かって、考えられる原因を描いたルート・マインドマップを作ります。原因ひとつひとつが、幹から伸びる枝だと考えてください。すべての原因について熟考しながら、原因である枝が少なくとも「2層」に伸びるまで続けます（つまり、原因ひとつにつき最低で2つの根本原因）。重要だと思われる根本原因にはシンボルや小さな絵を添えましょう。
3. 根本原因としてもっとも可能性の高いものを3〜5つ、リストにして描きます。それぞれのリストには短めの（仮の）タイトルをつけましょう。

> 小規模や中規模の問題の場合は、一部のステップを省略してもかまいません。

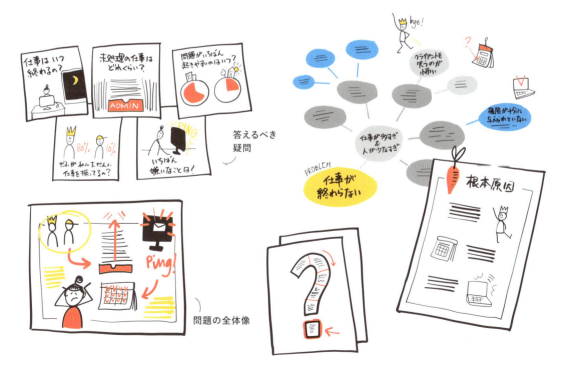

問題を解決する

ステップ1：異なる視点に立つ

最も可能性の高い根本原因を特定したからといって、すぐに解決策に飛びつかないでください。解決策を模索するには、問題をさまざまな視点から検討しなくてはなりません。そのための方法は以下の3つです。

- 前のステップ（「問題を見つける」）の最後で完成させたリストを取り出し、その内容を解決策に 言い換えて ください。たとえば、リストにある根本原因が「ビジュアルシンキングの価値をオーディエンスに時間をかけて説明しなかったこと」なら、解決策として「ビジュアルシンキングの価値をオーディエンスに時間をかけて必ず説明する」と言い換えることができます。

- 紙を1枚用意し、中央に問題を文章か絵で描き入れたら、残りの余白を4分割します（右下の絵を参照）。各区分には、自分が抱える問題を解決に導いてくれそうな人を割り当てます。それぞれの区分にその人の ペルソナ （またはヒーローや憧れの人）を描き、それらを象徴する物事を考えましょう。たとえば、『長くつ下のピッピ』を選んだのなら、ピッピの名言「いままで一度もやったことがないわ。だから、きっとできると思うの」ではどうでしょうか。それから、4人の人物が自分の問題をどう解決するかを書き出しましょう。

- 4枚の紙を用意し、問題を以下の 異なる4つの視点 から見て解決策を探ります。
  - 上から見る（ヘリコプターや鳥の視点で）
  - 前から見る（イヌ視点）
  - とても遠くから見る（宇宙規模）
  - とても近くから見る（ハエ視点）
- これらの異なる視点から見て、問題の解決策が見つかるか検討しましょう。

ステップ2：解決策を選ぶ

最適な解決策を選ぶ際には、すべての選択肢を俯瞰してみるのも一案です。ベストな解決法はどれか、はたと気がつくがあります。考える時間がもう少し必要なときは、解決策とアイデアをマトリックス形式に並べてみましょう。詳しい手順は、P113の「アイデアを選択する」を参考にしてください。項目は、「影響」と「取り組み」など、好きなように設定してもいいでしょう。最善と思われる解決策を2つか3つ選び、それぞれの解決への道のりをロードマップに描いて視覚化してみましょう。

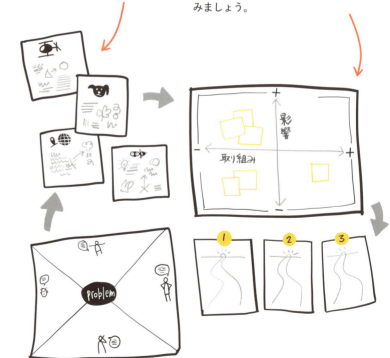

5. ビジュアルドゥーイングを日々実践：WE
DAY-TO-DAY BUSSINESS: WE

共同作業を行なって互いにインスピレーションを与え合いましょう！ 本章では、チームや部署、他グループと協力しながら活用できる視覚化のツールや手法を紹介します。

ビジュアルを描くようになると、「みんなも描いてくれれば共創がもっとはかどるのに」と感じることが出てきます。そのほうがより楽しく、議論の焦点が絞り込まれ、レポートは簡潔になります。ともに学び、共有し、構築し、決断を下し、つながり合うことも実現します。たくさんの人と取り組んでこそ、おもしろさが増し、ビジュアルの威力が発揮されるのです！ この章では以下のビジュアルテクニックについて説明していきます。

5.1	創造力を刺激する	想像力のスイッチを入れる
5.2	ビジュアルブレインストーミング	視覚を使ったブレインストーミング
5.3	アイデアの収集と組み立て	アイデアを募り視覚的に構築する
5.4	取捨選択	アイデアを選別・集約する
5.5	チームパフォーマンス	チームパフォーマンスの評価と向上
5.6	チームのビジョンポスター	ビジョンを描く
5.7	ロードマップ	計画・行動・未来を描く
5.8	「現在の姿(AS-IS)」と「将来の姿(TO-BE)」	成長・進化を描く

5.1 | 創造力を刺激する

ほかの人が創造力を働かせてくれなくて苦労したことはありませんか。「独創性を発揮しよう」「視覚化に挑戦しよう」という意欲を持たせるにはどうしたらいいのでしょうか。ペンを手に何かを描いてほしい、概念を視覚化してほしい、メタファーを使って説明してほしい―そんなときがあるかもしれません。

この章では、創造力が湧き出てくるよう促す手法を紹介していきます。簡単なエクササイズですが、大いに盛り上がって共創が一気に進むようになるでしょう。

> **どんなときに使うの？**
> - 視覚化の作業前に全員でウォームアップしたいとき
> - ブレインストーミング前に適切な心構えを持たせたいとき

お絵描き入門

ミーティング参加者と一緒に絵を描きたい、協力してビジュアルを作り上げたい――。そんなときは、絵を描くための肩慣らしから始めるのがベストです（参加者にビジュアルシンキングや絵のワークショップの経験があれば必要ありません）。

ステップ1：やる気にさせる

ビジュアルシンキングの素晴らしさ、だれでも絵が描けることをしっかりと伝えてください。線が引けるなら絵も描けます！

ステップ2：真似をさせる

黒いマーカーを手に持たせ、真似をしてもらいましょう。まずUを描き、その内側にZ、上にM、最後にOをぐるりと描いて電球の完成です。完成した絵を見れば、描こうという気になるはずです。

TIP もう少し間口を広げたいときは、P17を参考に種類の異なるマーカーについて説明してみては？ みんなで簡単なアイコンを一緒に描いてみるのも一案です。

ステップ3：レベルアップする

P58で紹介した「VOICIS」にも挑戦してみましょう。

基本的なアイコン

個人　　　チーム

プロセス　　会社

配達　　　フォーカス／分析

新製品のアイデア

新しいアイデアや斬新な解決策がほしいときは、縦に3分割された用紙とマーカーを用意します。

ステップ1：朝ごはん

左側の枠に、その日の朝食を描いてもらいます。

ステップ2：大切な家具

用紙を右側の人に回すよう指示します。新たに回ってきた用紙の中央には、各自が気に入っている家具の絵を描いてもらってください。

ステップ3：ミックスする

用紙をさらに右に回したら、右側の枠に、左と中央の絵を組み合わせた絵を描いてもらいます。

ステップ4：見せ合う

奇妙でおかしな絵が完成していませんか。互いに見せ合ったり説明したりしながら楽しみましょう！

アレンジ：左と中央の枠に描くテーマを自由に考えてください。

意外な組み合わせ

もっと自由かつ独創的な発想を促すためにヒントを提示して、奇抜なアイデアを引き出しましょう。実現不可能だなどと言って却下しないでください。上のエクササイズではコラボレーションがカギでしたが、ここでは自分の心を奥まで掘り下げて新しいアイデアを探ります。

あれこれ組み合わせる

右のように、縦列と横列にヒントとなる絵をまず描き入れてから、あれこれ組み合わせて新しいものを創作してみましょう。

30個のサークル

このエクササイズは、デイヴィッド・ケリーとトム・ケリー共著『クリエイティブ・マインドセット――想像力・好奇心・勇気が目覚める驚異の思考法』（千葉敏生訳、日経BP社、2014年）から拝借しました。新しいアイデアや解決策をブレインストーミングする際に、創造性を大いに発揮させることと、柔軟性と多様性のバランスについて知ってもらうのが目的です。

ステップ1：30個のサークル

白紙を配り、同じ大きさの丸を30個、重ならないように各自で描いてもらいます。

ステップ2：絵を描く

できるだけ多くの丸に何かを描き加えて、見てすぐわかるような絵に変えてもらいます。制限時間は3分です。

ステップ3：共有・比較

3分経ったら、作業が簡単だったか難しかったかを話し合ってもらいます。丸を複数組み合わせて描いた「ルール違反者」はいましたか。いや、もしかしたらルールを決めていなかったかもしれませんね。

たくさんの丸を使って絵を描きたいけど、似たような絵ばかりだった場合は（野球ボール、テニスボール、サッカーボールなど）、多様性の低さを意味します。一方、上手でわかりやすい絵を描きたけれど、使った丸の数が少なかった場合は、柔軟性の低さを意味します。このように2つの特性を基準にバランスを考慮しながら挑戦すると、豊かなアイデアやコンセプトが生まれる可能性があります。

くねくね鳥

（まだ）存在していない物事を視覚化して浮き彫りにする能力を発揮します。

ステップ1：くねくねとした曲線を描く

白紙に色付きマーカーでくねくねとした線6本を自由に描いてもらいます。

ステップ2：鳥にする

くねくねした線を描いたら、それを鳥の絵に変えます。黒いマーカーでくちばしや目、脚、羽や尾を描き加えてみてください。

自分が描いた曲線からは何が浮き上がってきますか？　どんなものが隠れていますか？

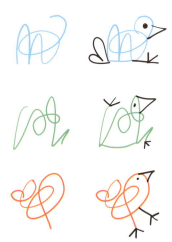

出典：www.xplanet.com/visual-thinking-school

抽象画

伏流

抽象的な絵がとりわけ適しているのは、気持ちや感情など、チームや組織のなかで表面化せず「伏流」となっている、とらえどころのない問題について話し合うときです。

おわかりのように、私たちが取り入れているビジュアルは人間、動物、建物、プロセス、地図上のマークなど、だれにでもひと目でわかるような「実生活」でよく見かけるものがほとんどです。

とはいえ、あえて抽象的な形や色を使って描くこともときには大変効果的です。抽象的な絵を描くとはつまり、「こうあるべき」という考えにこだわらなくてもいいわけです。実際には、思考と絵が同時に進行していきます。

例

チームのパフォーマンスの状態について率直に話し合うミーティングを開くという設定で、抽象画を取り入れたビジュアル手法を説明していきます。

用意するもの

・白紙を1人につき1、2枚
・セロテープ
・マーカー

セッティング

椅子に座ってのんびりくつろいでしまわないよう、立って行ないます。みんなの分の紙を壁か窓に貼ります。

やり方

1. ウォームアップとして、曲線でくねくね鳥を描くエクササイズを行います。
2. 全員が起立したら、手で作業をすると伝えたうえで、尋ねたい質問を投げかけます。そして、それについて抽象的な形を描くよう指示を出します。急いで描かずに済むよう（視覚的かつ明確に表現できるよう）、5分間与えましょう。
3. どんな絵ができあがりましたか？ 描いた人はその意味を説明できますか？ ほかの人はそれを理解できるでしょうか。近くの人同士で話し合ってもらいましょう。
4. 全体で共有します。絵や説明のなかに自分が登場しましたか？ 自由に回答できる質問を投げかけて、議論や絵がチーム内で発展するよう促します。
5. ミーティングの最後に全員にお礼を言い、このエクササイズが自分にとってどんな意味を持ったかを尋ねてみてください。また、チームが達成したいことを視覚化した絵を描くのもいいでしょう。

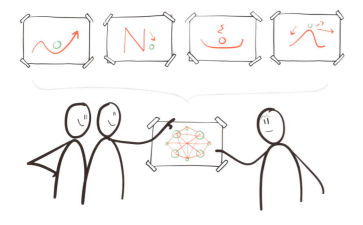

5.2 ビジュアルブレインストーミング

ブレインストーミングは、知性を刺激し、(集団の)想像力を限界まで押し広げてくれる優れた方法です。一方で、アイデアが出すぎてコンセプトが不鮮明かつ抽象的になり、貴重な洞察を見落としてしまう可能性もあります。

他方、ビジュアルは洞察を発見・共有したり、参加者がアイデアをさらに模索し組み合わせたりするのに役立ちます。異なるレベルでの取り組みが可能となるうえに、ざっとスケッチ・いたずら書きすることでアイデアが浮き彫りになりますし、ほかの参加者の想像力に働きかけることもできます。アイデアを集中して描くために必要なのは脳のごく一部。ほかの部分は、次のステップや新しいアイデアを無意識のうちに追求しています。

もっと言えば、適切なビジュアルテンプレートは、情報やアイデアを整理し、もとのコンセプトと関連性がある具体的な結果を導き出すことを可能にするというわけです。

どんなときに使うの?
- 月並みではないアイデアを探しているとき

質問を提示

まずはさておき、質問を定めます。どちらかと言えば明確で、議論の余地が多すぎず少なすぎない質問がいいでしょう。質問があまりにも漠然としていると、結果も同じように漠然としたものになり、糸口がまったくなくなってしまう可能性があります。

一方で、質問の焦点があまりにも狭すぎると、型破りの発想が出にくく、予想外の反応がなかなか得られなくなります。

お勧めは、「どうすれば……できるのか」という質問から始めることです。自由に回答できるこのような質問文は、柔軟で斬新なアイディエーションや革新的思考を誘発するための枠組みとなります。たとえば、「どうすればチーム内の信頼関係を深めることができるのか」という質問です。

TIP ミーティングに参加しない人たちから事前にインプットを得ておきたいときは、4.4「心を通わせる話し合い」を参考にできます。あるいは、むかしながらの方法である投書箱を置くか、質疑応答ができる場や、企画者のあなたが不在で調整や説明ができなくともアイデアを出し合えるような場を設定するのも一案です。

カードマッピング

付箋やカード（絵葉書くらいの大きさ）を用意し、アイデアや考えを1枚につきひとつずつ記入します。

　各カードには、文字だけではなく絵も描きましょう。識別しやすくなり、内容がひと目でわかります。黒のマーカー（グレーを使ってもOK）でアイコンをひとつ描けば十分です。作業が迅速に進むうえに、目立ちすぎるカードが出てくることもありません。

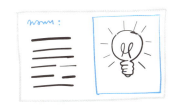

TIP 事前に文字用スペースと絵のための枠などを用紙に印刷しておくと、忘れずに文字と絵の両方を記入できます。

カードマッピングは個別に記入する作業から始まります。5分ほど経ったら、記入したアイデアを説明するか、全体で確認や討論ができるよう全カードの内容をまとめましょう。アイデアに投票してもらったり、グループに分かれてそのアイデアをもとにした作業を繰り返したりしましょう。

サイレントブレインストーミング

3～12人のグループになり、言葉を発さず、文字ではなく絵でブレインストーミングをします。

　1人ずつに白紙を配り、上部にひとつの質問を文章で書いてもらってからブレインストーミング開始です。質問に対する答えやアイデアを絵で描き、5分経ったらその用紙を右側に座っている人に回す――この作業を、自分が質問を書いた紙が手元に戻ってくるまで黙々と続けます。

意見もコメントも口に出さずに作業すると、<mark>連想的思考</mark>にどっぷり浸り、目の前に提示された質問に集中してアイデアを細かく表現できます。

　自分が質問を書いた紙が戻ってきたら、内容を精査しましょう。そして、頭に浮かんできた考えやアイデア、解決法を努めて素直に受け入れてみてください。その後も静かに手元に戻ってきた内容を検討するか、あるいは絵に込められた意味や考えについて質疑応答を行ないます。

この作業は、絵でなく言葉でも可能です。まずは、特定のテーマや質問についてマインドマップを書きます。あとは絵の場合と同様に用紙を回し、ほかの人が書いたマインドマップを検討し、考えやアイデアを書き入れていきましょう。

ブレインストーミング用テンプレート

特定の物事に関してアイデアを収集したいときは、その背景や状況、前後関係などを視覚的なメタファーで説明してそれをテンプレートにすると、ブレインストーミングへとうまく導くことができます。

仮に木をメタファーにした場合は、ゴールをリンゴにたとえることができます。リンゴは、高い位置になっているものと低い位置になっているもの（成熟した果実と未熟な果実）に分類してもいいでしょう。外部から襲ってくる脅威には、悪天候など避けられないものもありますが、対処法や備えについてブレインストーミングすることは可能です。一方、自力で回避できる脅威や競争はのこぎりに置き換えてみます。起こり得る状況や機会に対処する方法をブレインストーミングしてみてください。

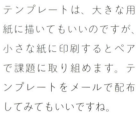

テンプレートは、大きな用紙に描いてもいいのですが、小さな紙に印刷するとペアで課題に取り組めます。テンプレートをメールで配布してみてもいいですね。

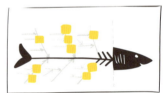

視覚的な刺激

新しいアイデアが浮かばずに行き詰まっている。ありきたりな方向へと向かいそうだ――。そんなときは、視覚的な刺激を与えて連想を促しながらブレインストーミングすると、創造性が高まります。

グーグルの画像検索、または無料のストック画像サイトを開き、ブレインストーミングに関係する言葉を入力します。あるいは周囲に置いてあるものや画面のなかにあるもの、単語や画像などをランダムに選んでもかまいません。画像やイラストを見ていると脳の異なる部位が活性化され、頭のなかで新しい結びつきが生まれやすくなります。

画像やイラストをひとつ選んだら、議題となっている状況にそれをどう当てはめられるかを想像してみてください。物体であれば、その特性を挙げていきます。それは硬いか柔らかいか、光っているか、子ども向けか。このように考えながらブレインストーミング

でどう発展していくか見守ってみます。画像内に人が写っていたら、「この人は私たちが抱える問題についてどう感じ、どう考えると思いますか」とグループに尋ねるのもひとつの方法です。

Visual Meetings
ビジュアルミーティング

6 tips to make your meetings

ミーティングをよくする、6つのコツ

1

議題を絵にし、参加者が親しみを覚えるようメタファーを使う

2

拡散なのか収束なのかをはっきりさせる

3

描いた絵を活用して関心を引き、アイデアを募る

4

ビッグなアイデアは巨大なスペースを使って全体像を説明する

5
参加者を巻き込む。意見の表明も相違解決もすべて絵で行なう

6

ビジュアルノートテイキングを活用する
（議題をひとつ処理したら先に進められるようにする）

5.3 | アイデアの収集と組み立て

有意義な話し合いで的を絞ったアイデアを収集し組み立てると、洞察を得たり、概要をまとめたり、全員のアイデアを取り込んだりできます。

グループの現在の立ち位置を理解したい。自分のアイデアを発展させるための情報がほしい。ほかの人の専門知識を活かしたい——。

そんなとき私たちは、単純なテンプレートを使います。とてもシンプルなので、オリジナルのテンプレートも容易に作れるはずですから、試してみてください。

> **どんなときに使うの?**
> - 全員の意見やアイデアを取り込みたいとき
> - 出されたアイデアすべての全体像が知りたいとき

ストップ・スタート・コンティニュー

問題の解決や改革案の合意、達成に向けた戦略策定の際に活用できるグループアクティビティです。集団や組織内での行動や機能に対処するためにしばしば用いられます。

どのような新戦略を導入できるのか、やめるべきこと、順調なこと、継続すべきは何かを考えます。

右のような表を作成し、上部に「Start（始める）」「Stop（やめる）」「Continue（継続する）」と書き入れます。それから、テーマや課題、グループ機能の改善に役立つ行動をそれぞれの下に記入していきます。

書き入れた内容は、新たな変化や動き、課題に応じて徐々に変わっていくことになります。

出典：ボブ・ティーデー　https://leadingwithquestions.com/

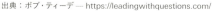

2サイド

強みと弱み、長所と短所、利点と問題点などをシンプルな表にリストアップしていく方法です。視覚的テンプレートはこのくらいシンプルでもいいのです。

フィードバックやアイデアを手早く募りたいときは、「プラス／マイナス」「はい／いいえ」「有益／有害」など、わかりやすく二項対立で考えてもらいましょう。大きな用紙を左右に分けたら対立する言葉を上部に入れて、議題になっているアイデアや計画をめぐる利点や問題点などを1人ずつ記入してもらいます。

テンプレート

議論の活性化やアイデアの収集に役立つチャートのひな型をさらにいくつか紹介します。タイトルはアイコンやイラストで飾って目立たせてください。色分けや付箋を使ってうまく工夫してみましょう。

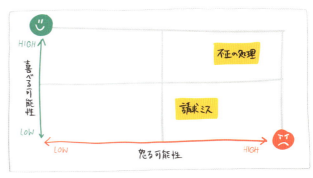

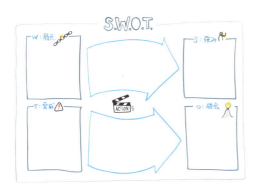

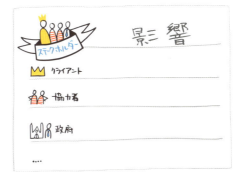

付箋

質問や注目してもらいたいテーマを見出しとして掲げたら、参加者に付箋を配り、そこに意見やアイデアを絵や文字で記入してもらいましょう。記入内容をできる限り具体的にしてもらうと、おのずとスムーズにまとめることができます。

　見出しは明確かつひと目で理解できるものにしましょう。そうすれば、参加者は頻繁に説明を求めることなく、自由に歩き回ってアイデアや情報を提案できます。

付箋の色で答えを分類できるようにするのも良案です。たとえば、否定的な回答はピンクの付箋に、肯定的な回答は緑の付箋に書いてもらってみてはどうでしょうか。

このプロセスでは、付箋の色や形が重要な役割を果たします。当たり前だと思うかもしれませんが、複数のフリップが設置してある状況で、参加者から出されたアイデアを整理・組み立て・分類するための時間と労力を想像してみてください。全員が同色の付箋を使ったら大変です。新たに得られた洞察を迅速にまとめることができなくなります。

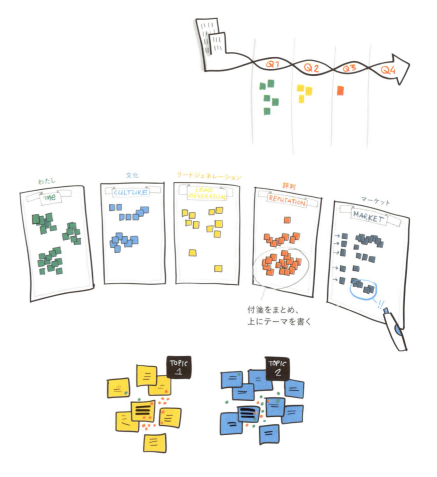

留意点

1. 見出しは同色の付箋で統一しましょう。
2. 付箋には、できる限り少ない言葉でまとめた内容を太いマーカーで記入します。
3. 同種の内容が書かれた付箋同士がまとまったら、上部に大きくはっきりとした文字でアイデアを書いた付箋を置き、視覚的な序列(ビジュアルヒエラルキー)を作ります。
4. 付箋は層（重ねる）と枠（囲む）で構成します。付箋のまとまりは太いマーカーで周囲をぐるりと囲みましょう。
5. 黒い付箋を見たことがありますか。白いマーカーで記入するとコントラストが際立つので、分類された付箋のタイトル用に重宝します。とても目立ちますよ！
6. 取捨選択が難しいときはシール投票を試してください。やり方は次のセクションで説明します。

5.4 | 取捨選択

アイデアが大量にある場合は、重視したいアイデアを選び出し、そうでないものを削除しやすくするために、体系化する必要があります。

取捨選択を終えたら、重要だと判断して残したアイデアの優先化や視覚化の方法を検討し、どのような行動をどのような時間枠で行なうべきかを決めます。第6章の「主体性を持って計画を立てる」で紹介する事例で同様の方法を取り上げています。

すでにアイデア収集を終えた前提で話を進めます。ではそれらの取捨選択の方法を見ていきましょう。

どんなときに使うの？
- 大量のアイデアや情報に絞り込みをかけるとき

一次選抜

必要なもの
- 用紙を3枚用意し、それぞれに「イエス」「ノー」「たぶん」と書いておく
- 集まったアイデアや情報はすべて別々のカードに記入しておく

一次選抜

アイデアが書かれたカードや付箋を「イエス」「ノー」「たぶん」の3つに手際よく分類していきます。アイデアや情報が大量にある場合にはとりわけ役に立つプロセスです。

3つに分類する際の判断基準例は次のとおり。
- （制限時間内で）達成できるか。
- 私たちのミッション／ビジョン／社運を賭けた大胆な目標などと合致しているか。

分類する際には、参加者全員の合意が必要です。すべて分類したら、「ノー」の集まりを除外してから「イエス」と「たぶん」を混ぜ、再度分類します。

状況や目標次第ではほかにも可能な方法があるので、これから紹介する案を参考にしてください。

重視すべきことを決める

必要なもの

- さまざまな色の紙
- 大きな部屋
- 別々のカードに記入したすべてのアイデア

概要

カードを床か大きなテーブルに並べ（順不同）、全体を見られるようにします。内容が近いカードや、どう考えてもまとめられそうなカードは一カ所に集めてください。

セットを作る

まずは、内容別にカードをまとめてセットを作ります。ひとまとまりのカードから明白なアイデアやテーマが浮かび上がってきたら、独創的または隠喩的な名前をつけ（たとえば「庭仕事」）、違う色の紙に記入します。セットは6つ以内におさめてください。

この作業は、参加者全員でも、小さいグループに分かれて散らばって取り組んでもかまいません。10分おきに場所替えをして、違うカードに挑戦してもらいましょう。

基準を決める

カードを割り振るための適切な基準を設定します。そして、床（あるいはテーブル）に物差し代わりにラインを引くか、引いてあると想像します。ここでは下図のように、右に行くほど「非現実的かつ野心的、挑戦的」、左に行くほど「簡単、退屈」と考えます。

はじめに、参加者にはライン沿いの、各自が適切だと思うところに立ってもらいましょう。ここでは、参加者にとって現実的または挑戦的なアイデアは何かを理解することが目標です。

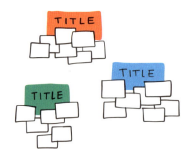

次に、カードをラインに沿って並べてもらいます。混乱しないよう、セット別に並べていきましょう。

最後に、数年以内に達成できたら嬉しくて胸がどきどきする内容が書かれたカードを1枚、各自で選んでもらいます。さらに、自分やチームが責任をもって取り組み達成したい内容が書かれたカードを2枚選んでもらいます。その後、選んだ理由について話し合いを行ないます。

> **TIP** 床にカードを並べたら写真を撮っておきましょう。

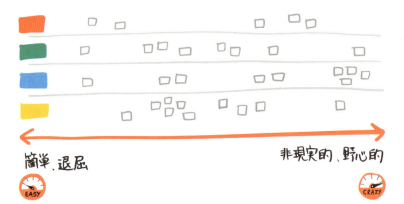

アイデアを選択する

必要なもの

- 十分な広さのある壁か部屋
- 2種類のシール
- 実現可能性の枠組み
- 別々のカードに記入したすべてのアイデア

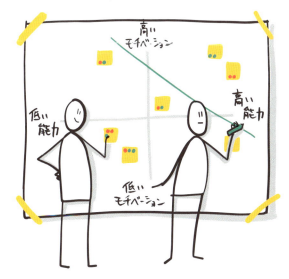

シール投票そのものをひとつの手法として使えます。

シール投票

別々のカード（または付箋）に記入したすべてのアイデアを、床に並べるか、壁に貼りつけてください。それから、参加者ひとりひとりに2種類のシールを3枚ずつ、計6枚配ります。ここでは青とオレンジのシールを使い、青は「簡単」、オレンジは「興味深い」を意味することにします。

参加者は、思い思いにカード（または付箋）にシールを貼ります。集中できるよう、この作業は声を出さずに行ないましょう。

アイデアを構想する

壁に右上の絵のようなチャートを描き、縦軸は「モチベーション」、横軸は「能力」と設定します。それから、シールがついたカード（または付箋）をチャート上に貼っていきます。全員の意見が一致した場所に貼ってください。

チャート右上に貼られたカード（または付箋）が、最も興味深く作業を進められるものです。

次のステップ

チャート上に（斜めの）ラインを引き、そのラインの右側に貼られているカード（または付箋）だけで作業を継続します。ラインを引く場所も全員で決めるといいでしょう。

これで、状況とアイデア、ゴールに応じたさまざまな選択肢が出そろいました。

仮に、選んだアイデアが今後1年間で完了したい行動だとすれば、それらをタイムラインに並べて計画の視覚化作業に移りましょう。

2人1組での作業が可能な段階なら、ペアを組ませ、チャート上から3つのアイデアを選んでもらい、その3つの組み合わせをベースにしたコンセプトを考案するよう促しましょう。

考案したコンセプトにタイトルをつけます。そして、それが問題解決につながる理由を説明し、キーワードを書き出します。何よりも大切なのは、コンセプトを視覚化してストーリーボードを作成することです。

5.5 | チームパフォーマンス

チームがうまく機能していない。フィードバックを相互に提供し合うことで反感が生まれている。避けて通っている問題がある。理解に苦しむメンバーがいる。チームがよりうまく機能するようにしたい。高い業績を誇るチームにしたいという野望がある──こんなふうに考えていませんか？

どんなときに使うの？
- 違った方法でチームミーティングをやりたいとき

絵は心に響く

チームについて見直しを行なう定期レビューに視覚化を取り入れると、対立姿勢が弱まることに私たちは気がつきました。言葉は脳に働きかけますが、絵は心に響きます。絵を見て嫌な気持ちになる人はいないものです。

絵を描いたりイメージを取り入れたりすると、脳のさまざまな部位を働かせられるので、問題目線ではなく解決策目線に立って思考するようになります。右脳は結果の比較と分類、理解を行ない、問題の可能性を考慮します。一方、左脳は比較を行なわないので、可能性を考えられるようになるのです。

視覚的な手法による
レビューの利点

- 包括的（インクルーシブ）：全員の意見が尊重されます。
- やる気が起こるので、<mark>だれもが喜んで</mark>またやりたいと考えます。
- 必要とする言葉の数が少なく能率的です。その後のミーティングでは、絵を描くことによってより迅速に取り組めるようになります。
- 楽しいです！
- 団結を促し、相互理解を育みます。
- 全員の熱意が高まります。
- チームダイナミクスが表面化し、より迅速かつ頻繁なフィードバック共有が行なわれるようになります。

チームと共有し
見直すべきテーマ

・成功事例（ベストプラクティス）
・強力な指導力
・モチベーション

利点

次ページでは、チームレビューで活用できるテンプレートや活動を紹介するので、時間をかけてチームとともに取り組んでください。それらをヒントに独自の方法を編み出してもいいかもしれません。

アバター

モウ

素敵な髪形？
デイヴ

ローズ

レフティ

リック
イスマエル

114

コアバリュー

共通の中核となる価値観に向かって
チームと緊密に連携したい。異なる道
を歩みながら同一のゴールを目指した
い——。そんなときは、コアバリュー
をはっきりと定義することが重要です。

顧客の期待を
上回る

顧客ファースト

卓越した
結果を出す

協力して
達成する

責任を持つ

ステップ1：価値観を探る

チームの価値観となり得るものを探り、
視覚化したり書き出したりしましょう。

プロフェッショナル
に徹す

社会的責任を
果たす

誠実である

結果
志向型

つねに
敬い合う

ステップ2：点と点を結ぶ

共通の価値観はありましたか。点と点
を結び、議論し、上位5つの価値観に
ついて合意を図りましょう。

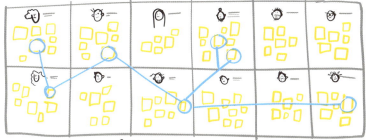

「Awesome」を定義する

チームに「私たちにとっての理想的
な世界とはどんなもの？」と尋ね、
「Awesome（すごい）」とは何かを定
義しましょう。それから、次に到達し
たい目標の条件を詳述します。これは
「Awesome」になるまでの道のりで
達成すべき1つめの現実的なゴールで
す。そのゴールを達成するうえでチー
ムが取り組める最初のステップを見き
わめ、進捗状況を確認するための話し
合いの頻度を決定します。

TIP ゴールがまだ明白でない場合
は、テンプレートをグレーで下描き
するか、スペースを残しておくと、
あとで一緒にアイデアや情報を描き
込めます。

115

ドリームキャッチャー

チームにとって達成可能な夢とは何かを思い描くのに役立つ方法です。夢だけでなく、悪夢も捕まえることができます。

この作業では、あなたが考えるチームの現在位置を把握します。そこから始めても、そこで終わりにしてもかまいません。右側のダイヤ型をしたモデルをチーム全員で埋めていきましょう。異なるレベルを検討すると、次に取るべきステップを考えることができます。

> **注意：**
> 必ずしもダイヤ型の下半分のネガティブな部分を埋める必要はありません。チームや組織がうまく機能していない場合は、余分なストレスがかかってしまう可能性があるからです。

右は、雑誌出版社の編集チームを例にダイヤ内を埋めたものです。チームの仕事はこれまで順調でしたが、紙媒体からオンラインへと重心を移していく必要性に迫られています。

ダイヤを文字やイラストで埋めていく際は、自分やチームを明確かつ具体的な言葉や絵で表現するよう努めましょう。各レベルに見合ったメタファーとアイコンを考えてください。このチャートをのちの議論で再利用すれば、言いたいことを説明し直す必要がなくなります。

「Awesome」の
ダイヤを埋めるには

「レベル3　やった、大成功！」
素晴らしいパフォーマンスを達成し「Awesome」になったとき。有頂天になるレベル。

「レベル2　期待以上」
輝き、注目を浴び、誇らしく思えるレベル。

「レベル1　目標どおり」
すべてが順調で満足できるレベル。

「レベル−1　目標未達成」
あまり順調ではないレベル。

「レベル−2　不合格」
目標に届かず、約束が守られていないレベル。

「レベル−3　不名誉」
評判に傷がつき、深刻な状態にあるレベル。

116

振り返り

振り返り(レトロスペクティブ)は退屈で単調になりかねない作業ですから、視覚化を取り入れて盛り上げましょう。あらゆる方法を試してチームに最適なものを見つけてください。

終了したスプリント(2週間)としてタイムラインを1本引き、左上部に笑顔マークを、下部に悲しい顔を描きます。貼りつけるための付箋はカラフルなものをいろいろ用意してください。そして、スプリント間でカギとなった出来事や状況を付箋に記入してタイムライン上に貼るようチームに指示します。

貼り終えたら、内容を検討します。タイムラインの代わりに、円を描いて5分割し、終了したスプリントにおけるチームのパフォーマンスについて、5つのテーマ別に意見を提案してもらう方法もあります。

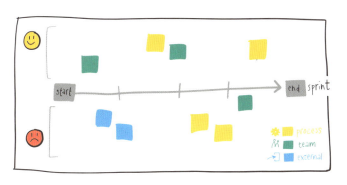

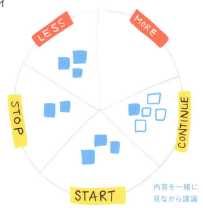

チームの温度

ミーティング開始時に出席者の要望を見抜いたり、ミーティング終了時にフィードバックを得たりできるようチームの温度を測ってみましょう。

そのために「共感マップ」[ユーザーや消費者の考えと感情を理解するためのツール]をアレンジして利用してもいいですし、比較に使えるアイコンを使ってもかまいません(『ビジュアルシンキング』のP98で紹介しました)。私たちの同僚の1人は以前、ミニチュアの信号機で感情の状態を知らせていました。

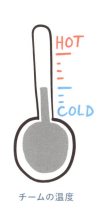

チームの温度

5.6 チームのビジョンポスター

チームや組織でビジョンを正式に策定したら、それを視覚化したポスターを共同で描きましょう。全員の目に触れる場所に掲示し、ビジョンを忘れないためのリマインダーとして、発想を得る源として、あるいはゴール到達に向けて行動を起こすトリガーとして利用してください。ポスターがあれば、外部の人に自分たちのビジョンを容易に伝えることもできます。また、専門的なグラフィックのための下描きにもなります。

ウォームアップ

まず、5.1で紹介したウォームアップ用のエクササイズから始めます。ビジョンに関してチームがどう連携するのかを議論してもいいですし、この段階を飛ばしてもかまいません。

> **夢を口に出して言おう！**
>
> ビジュアルやメタファーを考えるときに、空想したことを声に出して話してみてはどうでしょうか。チーム全員に目を閉じてもらい、次のように問いかけてみましょう。「いまは5年後です。私たちのビジョンは達成されました。あなたは自宅のベッドで目覚めます。どんな音が聞こえてきますか。どうして目が覚めましたか。目が覚めたときにどんな考えが頭をよぎりましたか。仕事に行く準備をしています。最初に何をしますか。朝の日課は何ですか。家を出ました。どこに向かいますか。オフィスに行く途中でどこかに立ち寄りますか。就業から終業までどんな1日を過ごしますか。人と会う予定はありますか。相手はだれですか。職場ではどんなものが目に入りますか。1日中、どんな気持ちで働いていますか。自分が誇らしく思えることはありますか。どんな会話をしますか。
>
> 1日を終え、これから帰宅するか、家に着いたとします。何をしますか。1日を振り返ったとき、何を思いますか」

想像した1日についてのイメージや言葉、大事な場面などをカードか付箋に描き、2人組になってその内容を見せ合ってもらいます。より具体的なイメージが浮かぶよう、質問をしてください。最後に、ホワイトボードなどにそれらの内容を貼り出します。

どんなときに使うの？
- チームの構築が重要なとき
- ゴール到達に向けて共通のビジョンを描きたいとき
- 自分たちのビジョンを外部に伝えたいとき

それぞれのイメージがはっきりわかるよう、必要に応じて言葉で説明を加えてください。

インタビュー

ビジョン達成までの過程では、ステークホルダーなどほかの人々が関与することがあります。そうした人々がポスターに加えるビジュアルを提供してくれるかどうか、話を聞いてみましょう。また、あなたがビジョンを達成したら、ステークホルダーの状況を尋ねてみてください。

話を聞く際は、感覚に関連する以下のような質問をしてみましょう：
- もし……ならあなたにはそれがどう見えるか。
- もし……ならどう感じるか。
- もし……ならあなたにとってそれはどのようなものか。
- もし……なら人はどう言うか。
- もし……ならどうか。
- もし……ならどう考えるか。

これらの質問への答えをカードに記入し、ほかのカードに加えましょう。

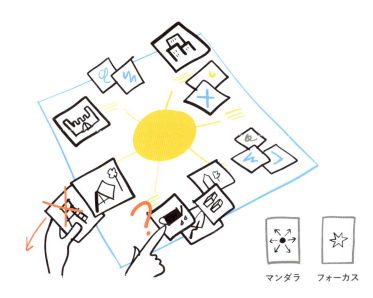

マンダラ　フォーカス

視覚化する

ビジュアル作成の手順は2.7「ビジュアルの描き方」を参考にしてください。

関係者に話を聞くと、ポスターに加えられそうな要素がすべて揃います。多すぎる場合には取捨選択が必要です。その詳しい方法は5.4「取捨選択」を参考にしてください。

ポスターにはほかにも次のようなものを盛り込むことができます。
- ビジョンは何／だれのためか
- ビジョンとは何か
- ビジョンと関連がある、ステークホルダーや顧客、環境、社会といったテーマ
- ビジョンの質を向上したり明確にしたりするための土台となるミッション、付加価値のある要素、歴史的または前後関係から見た情報など

ビジュアルのプランを選びます。こうした類いのポスターに最適なのは マンダラかフォーカス です。メタファーを考えるか、ビジョンの象徴として多く見かける太陽を採用し、構図をざっとスケッチしましょう。

ポスターに含めたい要素すべてを配置してみましょう。大きな（茶色の）用紙を使い、交代しながらビジュアル要素を並べてみてください（あれこれ移動できるよう、付箋などを使います）。構図と内容が決定したら、最終確認を行ないます。

 ストーリーはわかりやすいか

 削除できるイメージ、不足しているイメージは何か

 ポスターを見ると喜びが湧いてくるか

ポスターをそのまま使うか、必要に応じて清書したり、プロのデザイナーなどに作成を依頼したりしましょう。

TIP ポスターがビジョンを的確に表現しているか十分に確認しましょう。情報を盛り込みすぎないよう注意も必要です。

TIP ポスターをさらに活用したいなら、下部に余白を残しておき、幹部に署名してもらうか、応援メッセージを書き込んでもらっては？

5.7 ロードマップ

ゴールやビジョン、プロジェクトやチームの目標が明白なのであれば、そこにたどり着くまでの道のりを視覚化しておくと大変役に立ちます。

ビジネスの場では「ロードマップ」という表現をよく耳にします。私たちの仕事は、チームの特徴がよく表れた（ビジュアル）ロードマップの作成をお手伝いすることです。共同でロードマップを描き上げることで、ステークホルダーは意見を表明する機会が得られます。互いに合意のうえで道のりを決定すれば、のちに対立するような事態が避けられますし、積極的で効率的かつ楽しい方法で、最高の結果を手に入れることができるでしょう。

ロードマップの描き方は2.7「ビジュアルの描き方」を参考にしてください。

ロードマップを計画する

ロードマップには明確な時系列があるので、その点を考慮すれば、土台になるプランはおそらく、ステップかタイムライン、ロードになりそうです。

チームとステークホルダーのニーズに最も適したレイアウトと構図を選んでください。遠近法を使うと、ロードマップに人間をうまく描けます。

ロードマップのメタファー

ステークホルダー全員にとって意味のあるメタファーを採用しましょう。たとえば、砂漠をまっすぐに進む一本道や、山中を流れる川、自然に囲まれた川に点在する石などはどうでしょうか。

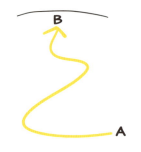

TIP 大きく描いて！

ファシリテーターの力を借りると、簡単な質問だけでなく適切な疑問を含めて質疑応答ができます。

ロードマップは全員が目にできる場所に掲示し（社内の目立つ場所にある壁はもちろん、デジタル化したり、会社のイントラネットに載せたりしてもいいでしょう）、作業の進行に合わせて内容を更新してください。

ステップ／　　タイムライン　　ロード
要約

どんなときに使うの？
- 目標を定め、計画を立てたいとき
- 自分たちの取り組みやプロセスにおける現在の位置を視覚的に確認できるものがほしいとき

ロードマップに含まれる要素

ロードマップにはたいてい、以下の要素（あるいはその一部）が含まれています。

1. 終点／目標／ゴール／ビジョン
2. この道を歩み出す理由（使命、プロジェクトの緊急性など）
3. トレンド／外部からの影響
4. 道そのもの（道路、流れ、飛び石など、メタファーに必要な要素）
5. 時間の尺度：日付、段階
6. 旅路に影響を与えるテーマ（マーケティング、運営、文化など）。または、より焦点を絞り込んだ要素（オンライン／オフラインマーケティング、コンテンツマーケティング）
7. オーディエンスとステークホルダー
8. 機会、選択肢
9. 道の途中で遭遇する障害や困難
10. 未知の変化とその発生状況、ならびに道のりへの影響
11. 進捗状況の確認スペース
12. 測定可能性

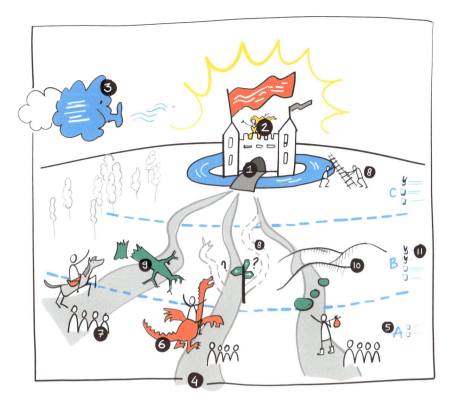
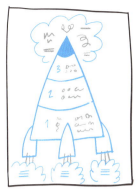
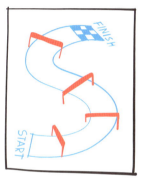

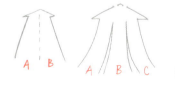

5.8 ｜「現在の姿（AS-IS）」と「将来の姿（TO-BE）」

これは、戦略や人間関係についての理解を深めるための視覚化エクササイズです。参加者はビジュアルを使いながら自らの経験を表現・共有していきます。わかりやすくて魅力的なイメージであれば、だれもがメッセージを伝えられるはずです。こうした方法によって戦略がより生き生きとしてきます。

2つのペルソナを視覚化します。ひとつめは「現在の姿（AS-IS）」（いまのありのままの姿。現在の自分とはどういうものなのか）です。ふたつめは「将来の姿（TO-BE）」（どんな人間になりたいか、どんな成果を達成したいか）です。この2種類のペルソナは会社やチームにおける姿であり、個人的なものではない点に留意しましょう。

どんなときに使うの？

- 周りの人が感じていることと同じ洞察を得たいとき
- なりたい姿、目指しているところをチームや組織で共有したいとき
- チームの働き方やコミュニケーションの方法を変えたいとき

現在の姿（AS-IS）

全員が現在の組織についての気持ちを共有できるようにしなければなりません。変化を起こしたいときは、「現在」について合意するとともに、望ましい変化の方向性について意見を一致させる必要があります。

ひとりひとりに、現在の組織をペルソナとして描いてもらいましょう。きっかけを与えるために次のような質問をしてみてください。

a. 組織（ペルソナ）は何をしているのか。手には何を持っているのか。
b. 組織（ペルソナ）は何を考えているのか。頭のなかにはどんな考えがある？
c. 組織（ペルソナ）はどんな人間と接触し、どんな人たちに囲まれているのか。
d. 組織（ペルソナ）はどんな性格か。慎重派？ クリエイティブ？ 保守的？
e. 組織（ペルソナ）はどんな価値観、どんな思いを持っているのか。
f. 組織（ペルソナ）は何を期待しているのか。成功の定義、未来の展望とは？

参加者を小さなグループに分けたら、共同で新たな「現在の姿（AS-IS）」を発案し、A3用紙に描いてもらいます。完成したら壁に貼り出し、ひとつずつ分析していきましょう（描いた人が説明する必要はありません）。

どんなイメージが並びましたか。現在の組織の姿についてどう思いましたか。共通点を探してみましょう。

次に、描き手を1人指名し（外部の人が望ましいです）、全員の議論に耳を傾け、話の内容を組み合わせながら新たに大きなペルソナを描いてもらいます。参加者からフィードバックを募ると、最終的に完成するペルソナに全員の意見が反映されます。

最後に、現在の姿に名前かタイトルをつけます。たとえば、「超多忙で必死」「慎重」など。

将来の姿（TO-BE）

会社の戦略はかなり抽象的であることが多く、「どのように」「何を」といった点について深く掘り下げられていません。つまり、チームの野望や、より広い戦略的ゴール内での好みのペルソナを決める余裕が残されていると言えるのです。

将来の姿を定義するために、3人組でインタビューをします。1人は話を聞く人、1人は答える人、残る1人は答えを配られたテンプレートに記入・記録する役目を担います。役割を交代しながら、ゴールやイメージ、行動について互いに質問し合いましょう。この作業には10分とかからないはずです。

大きなテンプレートを用意し、全グループの主な回答をそこにまとめます。

次に、描き手に指名された人が、全員共通の「将来の姿（TO-BE）」を大きな用紙に描いていきます（描き手は議論や答えに慎重に耳を傾け、何を盛り込むのか、何が不要なのかを判断してください）。

または、小さなグループに分かれ、「将来の姿（TO-BE）」をそれぞれ視覚化してもらうのもいいかもしれません。できあがったものは全体に披露し、議論します。その間に、代表者がすべてをまとめて全グループ共通の「将来の姿（TO-BE）」を完成させていくといいでしょう。

完成した「将来の姿（TO-BE）」に名前をつけたら「現在の姿（AS-IS）」の横に掲示します。全員がその結果に満足しましたか。休憩後、または次回のセッションで、次のステップを定義づけます。それは「将来の姿（TO-BE）」に一歩近づくために「いま」できることは何かを決める段階です。

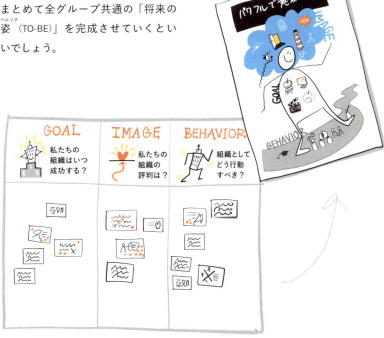

TIP 仮に上位3つのペルソナを決める場合は、シール投票を実施してみましょう。

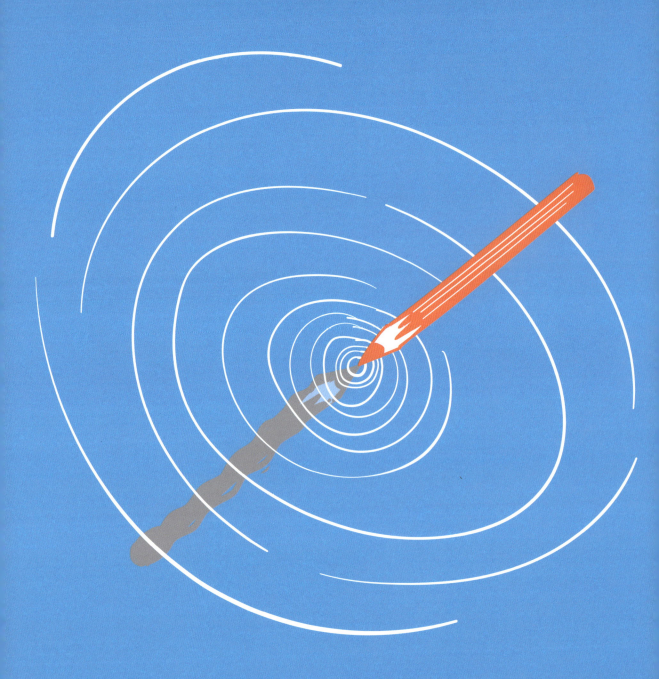

6. ビジュアルドゥーイングを日々実践：US
DAY-TO-DAY BUSSINESS: US

それでは、学んできたツールや（視覚的な）取り組みがどう一体化して機能し、組織にポジティブな変化を及ぼしていくのかを見ていきましょう。

本章では、私たちが実際に手がけた4つの事例を取り上げます。各事例で第4章（ME）と第5章（WE）で紹介した視覚的手法が使われていますので、詳しく説明しながら振り返っていきましょう。読み進めながら必要に応じて2つの章を確認してください。

6.1	仕事に対する姿勢を改革する	ヘルスケア企業が違いを打ち出すべく挑んだ試み
6.2	主体性を持って計画を立てる	エンターテインメント企業が成功に向けた計画立案テンプレートを作成
6.3	組織の戦略に対する理解を広める	製薬会社がコミュニケーションを改善
6.4	働き方を変えれば組織も変わる	銀行が思考法を改めてパワーアップ

6.1 | 仕事に対する姿勢を改革する

背景

従業員2000人（うち1100人はボランティア）を擁する某ヘルスケア企業は、従業員に自律性を持った働き方を実践してもらうべく取り組んでいました。長い間行われてきたトップダウン型の意思伝達と、マネジメント側が目標を掲げて従業員が達成に注力するという経営スタイルを変えようというわけです。ところが、同社の企業文化に潜む課題が新たに浮かび上がってきました。官僚的な運営形態、失敗を恐れる姿勢、競争心をあらわにした行動が、改革の足を引っ張っていたのです。

ゴール

マネジメント側は会社全体の改革を強く望んでいました。そして、望ましい働き方を念頭に、チームや従業員には自分が進むべき方向性を自ら決定し、それに向かって計画を立ててほしいと考えていました。そのためには、企業文化を改革しなければなりません。多忙で積極性に欠けた従業員を、オープンで意欲的な従業員へと変える必要があるということです。そこで私たちは、今後の方向性と明確な目的を視覚的に描写し、立ちはだかる障害を公正で楽しく創造力あふれる方法で探っていくことにしました。

結果

私たちの取り組みにより、従業員エンゲージメントが向上するとともに、共有すべき野望が明確となり、目標設定と達成までの計画策定が進みました。また、従業員は活気と熱意にあふれ、自律性を高めることに前向きになりました。

この事例で用いられた手法

- 「現在の姿（AS-IS）」と「将来の姿（TO-BE）」(WE)
- アイデアの収集と組み立て (WE)
- ロードマップ (WE)

アイデアの収集と組み立て：ストップ・スタート・コンティニュー
「現在の姿」から「将来の姿」に変化するための必要事項を定義づけるべく、マネジメント側がビジュアルテンプレートを導入。

ロードマップ
「ストップ・スタート・コンティニュー」で得た成果と学びを今後取るべきステップへと置き換えて優先化し、ロードマップに記入。

連帯とエンゲージメント
マネジメントの先導によってテンプレートが完成。各チームは大きな厚紙に印刷されたテンプレートを受取ると、「将来の姿」になるための必要事項を定義し、独自のロードマップを完成させた。

教訓

従業員がしかるべき姿勢を持ち、変化を抵抗なく受け入れるまでには時間を要します。小規模な介入や取り組みを長期にわたって行なうことが、自律性の高い働き方という考えに徐々に慣れていくうえで役立ちました。チームビルディングの面では予想をはるかに超えた効果がありました。仕事に対する「以前の」姿勢の根底にあったのは、団結やコミュニケーション、信頼の欠如です。視覚化を取り入れた作業によって従業員が素の自分をさらけ出したのをきっかけに、信頼が深まり、互いを敬う環境が生まれたのです。

6.2 主体性を持って計画を立てる

背景

某エンターテインメント企業は計画立案をひどく苦手としていました。念のために策定はするものの、その作業には貴重な時間と気力、労力がかかるうえに、いったん完成すると忘れてしまうか、確認する余裕がないという始末です。マネジメント側には、従業員が当事者意識を持って計画策定を行なってほしいという思いがありましたが、それと同時に、だれもが仕事熱心なので、そのための時間を捻出することは無理であろうと考えていました。

ゴール

従業員が深く関わり結びつきを得られる、あるいはそれぞれが各自の計画を立てられる、効果的な計画策定の循環プロセスを構築すること。

結果

従業員が参加して行なわれる、効果的な計画策定プロセスが実現しました。プロセスでは明確に定められた視覚化手法が取り入れられており、「心を通わせる話し合い」と視覚に訴えながら楽しく効率的に計画を立てる方法を組み合わせたビジュアルテンプレートが使われます。また、人間的な要素も組み込まれているので、組織内の異なる階層間につながりと交流が生まれるものとなっています。プロセスは今後も改善を重ねていく予定です。

この事例で用いられた手法
- 心を通わせる話し合い（ME）
- 取捨選択（WE）
- チームパフォーマンスの評価（WE）

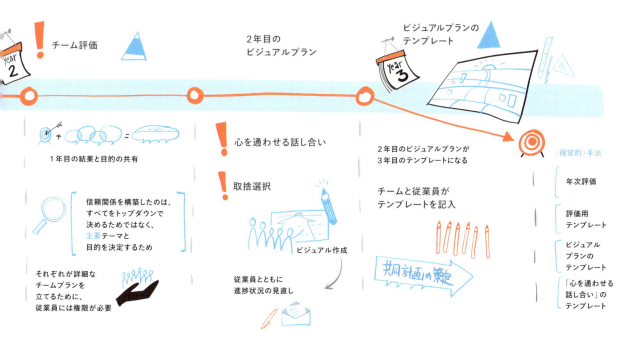

教訓

1. 組織の「ピラミッド」下層でも計画が立てられるようになりました。注目すべきは、計画を視覚化することで従業員エンゲージメントが向上した点です。ビジュアルテンプレートに記入する作業によって、従業員の心に計画に対する責任が生まれるようになりました。計画に対して当事者意識を持たせるためには、マネジメント側は従業員を信頼しなければならないということです。

2. ビジュアルテンプレートを中心にしながら公私両面について会話（心を通わせる話し合い）をすることで、仕事上のゴールと従業員のウェルビーイングの調和がとれた計画が立てられるようになりました。

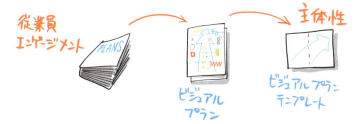

6.3 | 組織の戦略に対する理解を広める

背景

某製薬会社の経営チームは毎年、膨大な時間をかけて、エクセルシートで戦略計画を策定していました。経営は順調でしたが、政治的かつ経済的な状況は変化を遂げ、強力な競合他社が新たに台頭してきました。改革すべきときが来たのです！

従業員はデータ主導型の戦略プレゼンテーションに慣れ親しんできましたが、それが終わってしまえば通常どおりの業務に逆戻りで、何も変わりません。

ゴール

- 単なる事実や数値だけにとどまらない内容の戦略プレゼンテーションで、従業員を鼓舞し変革を促す。
- 単調な日常業務から従業員を切り離し、仕事に対する姿勢を改革すべきだという意識を向上させる。
- 従業員エンゲージメントを高めるべく戦略を明確にする。

ここで重要なのは、前向きなコミュニケーションです（素晴らしい業績を達成してきたのは従業員の熱心な働きのおかげなのですから）。だからこそ、視覚化が効果を発揮するのです！

この事例で用いられた手法
- ロードマップ（WE）
- チームのビジョンポスター（WE）
- ドリームキャッチャー（WE）
- 抽象画（WE）

意欲あるチームが独自のビジョンポスターを作成し、世界各地のステークホルダーから署名をもらう

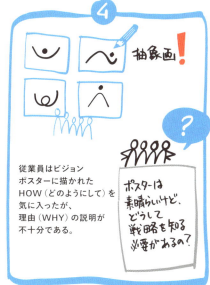

従業員はビジョンポスターに描かれたHOW（どのようにして）を気に入ったが、理由（WHY）の説明が不十分である。

コミュニケーションとビジュアル作成を担うチームが従業員と共同で戦略ストーリーを完成させる。ストーリーは組織全体をカバーしており、丁寧に選んだ視覚的効果が多く盛り込まれている。

結果

2年前までは、戦略を提示する際、ごく一部の従業員がエクセルで作ったデータと文章だらけの複雑なパワーポイントでプレゼンテーションを行なっていました。けれどもいまでは、多くの従業員が共同で作り上げた、シンプルながら意義深いビジュアルストーリーが語られるようになっています。ビジュアルストーリーの発表中にある従業員はこう述べました。「待ち望んでいた太陽の光が雲のあいだから差し込んできたようです。いまでは、なぜ自分がここで働いているのか、変化を起こすために何をすべきかがわかります」

教訓

ビジュアルイメージには、戦略テーマに対する従業員の見方や理解を変える力がある——それがこの過程で得た何よりも貴重な学びです。とはいえ、ビジュアルだけでは仕事に対する姿勢を変えられません。従業員がストーリー全体を理解し、そこからパワーを得なければ、本当の変革は起きないのです。ストーリーのなかに自らの姿を見出さなくてはならないと言えるでしょう。

そのために必要なのは、共同作業と楽しさ、根気、そして視覚化に取り組もうとする勇気です。

6.4 | 働き方を変えれば組織も変わる

背景

2012年、金融危機は収束に向かっていましたが、新たな現実が生まれていました。銀行への信頼が失われ、金融業界は規制機関や市場の要求に対応する必要に迫られていたのです。スマートフォンが人々の暮らしにおいて重要性を増しつつあり（それはいまも続いています）、業界を再形成しています。戦略、組織、製品を見直す時期が訪れたのです。

ゴール

急速に変化を遂げる世界では、銀行は以前にも増して現代のテクノロジーに精通し、顧客志向へと変わる必要性があります。絶え間なく移り変わる周辺の要求に応えるべく、組織全体を改革し、機敏性を高め、変化に迅速に対応できるようにならなくてはなりません。ビジュアルシンキングはそうした変化をもたらすうえで重要な戦術であるとともに、人々の創造性を大きく高めるというおまけもついてきます。

この事例で用いられた手法
- 自分を表現する（ME）
- ビジュアルノートテイキング（ME）
- 視覚的に整理する（ME）
- 視覚的な問題解決（ME）
- 広い視野から見たME（わたし）（ME）

結果

<mark>新しい働き方</mark>が導入されました。でもそれを新たなはじまりととらえる必要があり、学ぶべきことはまだ多くあります。視覚化を取り入れた働き方は、文字どおり変化を目に見えるようにしました（周囲が変化し、いたるところでビジュアルを目にするようになったためです）。視覚化が導入されたことで、以前よりも熱意とやる気にあふれ、自主的に従業員が働く文化が生まれたのです。

教訓

変化を視覚化すると、アジャイル（機敏、俊敏）な働き方や、視覚的なスキルを使ったコミュニケーション方法を身につけるのに実際に役立ちます。日常業務に視覚化が取り入れられることが日増しに増えているのは、それによってアイデアや計画の共有がより容易になり、コミュニケーションが迅速化し、誤解がスムーズに解消されるからなのです。

Working visually starts with you!!
ビジュアルドゥーイングはまずあなたから！

share the drawing and re-use it
ビジュアルの共有と再利用

visual meetings
ビジュアルミーティング

the big picture
大きく描く

posters
[canteens, entries, halls & elevators]
ポスター掲示
（社内食堂、玄関、ホール、エレベーター）

visual documentation
視覚に訴える書類

explanatory animations
アニメーションで説明

visual process
ビジュアルプロセス

visual presentation
ビジュアルプレゼンテーション

デジタル上で再利用
re-use digitally

visual note-taking
ビジュアルノートテイキング

7. ビジュアルドゥーイングでいこう
KEEP ON DRAWING DOING

描けば描くほど上達します。
ローマは一日にして成らず、です。

より多くのオーディエンスを前にビジュアルドゥーイングをどんどん実践し、チームのため、あるいはチームとともに、思い切って描いてみてください。ほかの人にもペンや鉛筆を手に取らせ、一緒になってビジュアルの威力を体験していきましょう。

　文字が減り、絵が増えたのだとすれば、ビジュアルドゥーイングを順調に実践できている証拠です。仕事に視覚化を取り入れるようになってくると、同僚と共有できるビジュアルの引き出しが増えていくかもしれません。素晴らしいことなので楽しんで！　プロジェクトを象徴するアイコンは何度も使えます。新しくメタファーが思いつくこともあるでしょう。ポスターを作成したら壁に掲示して、ビジュアルドゥーイングを広めてください。まずはあなたからです！

　ビジュアルシンキングの威力を本書で（ふたたび）実感し、ビジュアルアンバサダーになろうという気持ちを持ってもらえることを願っています。

自分ひとりで頑張らないで。私たちが提携した企業では、ビジュアルシンキングを志す人たちの輪が広がり、コミュニティが誕生しています。これほど嬉しいことはありません。ビジュアルシンキングは確実に広がっているのです。

　Buro BRANDの一環であるBRAND Businessでは、ビジュアルコラボレーションによる変化を積極的に受け入れ、促進する活動を行なっています。優秀なビジュアルシンカー、デザイナー、イラストレーター、コンサルタントを擁するチームである私たちは、ビジュアル革命の一端を担っていることを幸せに思っています。

ビジュアルドゥーイングを続けていきましょう！

7.1 | TIPS

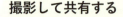

付箋

使用した付箋すべてを保管する必要はありません。「Post-it Plus」などのアプリを使って撮影すれば、並び替えや編集、文章のコピーができます。

複数の色の付箋を使うと、内容やテーマ、意味が整理しやすくなります。たとえば、青い付箋にはボトルネック［システム上の制約など］を、緑の付箋にはアイデアを描くなどして、区別してみてください。

付箋には、ペンではなく濃い色合いのマーカーを使って、英語の場合はすべて大文字で書くと読みやすくなります。

付箋をあちこちに移動させてみると、パワーポイントのアニメーションや画面の切り替えのような効果が得られます。

撮影して共有する

ビジュアルの全体や一部を撮影して、パワーポイントやワードに取り込んだり、ソーシャルメディアに投稿したり、ニュースレターやメールで使ったりしてみましょう。

同僚やチームメンバーは、ストーリーの理解が進むにつれて、より積極的に参加するようになります。やがて、ストーリーそのものを変えることなく、それぞれが独自の表現でストーリーを説明できるようになるでしょう。

ビジュアルについて共有したいなら、社内で視覚的手法を駆使する人々を集め、コミュニティを立ち上げるのがいちばんです。集まり（ミートアップ）を開いたり、講演者を招いて話を聞いたり、仕事で使えるビジュアル作成術を学ぶワークショップを開いたりしてみましょう。

グーグルを味方に

グーグルの画像検索は大変役に立つ情報源なので、ぜひ活用してください！キーワードを探したり、ストーリーを語るためのイラストを組み合わせたりするのに重宝します。

www.thenounproject.com
www.iconfinder.com

グーグル検索するときは、検索語に続けて「アイコン」「ベクター」「イラスト」と入力すると、組み合わせや真似がしやすいシンプルなビジュアルが見つかります。

思い切って描いてみよう！

ビジュアルを描くのはあくまでも意思疎通のため、メッセージを伝えるためだということを忘れないで。自分に厳しくしなくてもいいのです。自分なりのありのままの絵で十分。諦めずに続けてください。そうすればどんどん上達するはずです。描けば描くほど自然に手が動くようになります。

みんなで自分のアバターを描いてみましょう。配布物やタスク管理にアバターを使い、作成者や担当者がわかるようにしてみては？

ビジュアルスキルを磨くなら、「絵しりとり」や「イラスト当て」などをしてゲーム感覚でやるのが効果的です。楽しく練習ができ、制限時間内に絵を描き上げることに慣れてきます。

#VISUALCOLLABORATION
#VISUALTHINKING
#VISUALSTORYTELLING

デジタル

「color.adobe.com」では自分の好きなカラーパレットを作成できます。「カラーハーモニー」を変更するときは、左に並ぶ「トライアド」や「コンパウンド」など好きなオプションを選び中央のカラーホイールを動かすと、さまざまなカラーパレットが自動作成されます。または、「探索」をクリックして検索欄に好きな言葉を入力して、カラーテーマを探してみてください。

SketchBook Paper Adobe Draw

Procreate Sketches

iFontMaker

タブレットがあれば、簡単にデジタルで絵が描けます。私たちが愛用しているのはiPadです。アプリを使ったビジュアル作成のコツは、私たちBro BRANDのウェブサイトで確認してください。ビジュアル作成や写真の撮影、アイコンのヒントに使っているアプリを紹介しています。

アナログとデジタルは互いに補い合う仲です。もちろん、手描きのビジュアルプレゼンテーションを写真に撮ってデジタル化してもいいし、パワーポイントに手描きしてもいいでしょう。

タブレットでビジュアルを作成するのが好きな方には、アプリ「iFontMaker」がお勧めです。手書きの文字をデジタル化し、ほかのデジタルプラットフォームで使うことができます。

That's how we made this typography

このタイポグラフィーは「iFontMaker」で作成しました。

7.2 | 著者について

WILLEMIEN BRAND | ウィリーマイン・ブランド

ウィリーマイン・ブランドは絵とデザインへの情熱を自らのライフワークへと昇華させました。オランダの一流校、デザイン・アカデミー・アイントホーフェンを優秀な成績で卒業後、キッチンメーカーATAGで工業デザイナーとしてキャリアを積み、数々の賞を受賞。その後、デザインスタジオBuroBRANDとBRANDbusinessを立ち上げ、成功を収めています。

デザインの仕事を続けるうちに、絵とビジュアルシンキングが、複雑な問題をわかりやすく解明し、従業員と顧客のエンゲージメントを高める強力なツールであることを徐々に実感するようになりました。

ブランドはどこに行くときでもペンを手放しません。家族や友人と外食に出かければ、レストランのテーブルにかけてある紙のクロスをキャンバスにして、自分のアイデアやその夜の出来事をいたずら描きしています。

現在は、ビジュアルコミュニケーション革命における第一人者として、自身の会社を通じてその情熱を世界中で分かち合っています。

7.3 | 本書執筆における立役者たち

HESTER NAAKTGEBOREN | ヘステル・ナークトヘボーレン

BuroBRANDのディレクター兼デザイナーのヘステルは、ビジュアルを描くことで人やチームに大きな影響を与えられることに気がつきました。理解しづらい情報をわかりやすく、シンプルに、目で楽しめるビジュアルで巧みに表現できることを喜びとしています。

コミュニケーションとデザインを専門に学んできたヘステルは、意味がよくわからないエクセルシートを解読したり、書類の山を苦労しながら読んだりといった面倒で苦痛な作業から人を救うことを使命にしています。

グラフィックレコーディング専門家でもあるヘステルが力を入れているのはグループダイナミクスの研究で、絵を描く際にもその知識を活かしています。グラフィックレコーディングとは、発言内容だけでなく発言されなかった内容をも描写する手法です。口に出されなかった言葉を具体化し、それらにその場で力を与えることができます。

だれもが独自の創造力を持っているとヘステルは考えています。上手に描けないという恐怖心を捨て去り、ビジュアルシンキングとビジュアルドゥーイングの威力と喜びを楽しんでもらうことが彼女の望みです。

GEORGETTE PARS | ジョルジェット・パルス

ジョルジョットはデザインを学んだのち、認定スクラムマスターの資格を取得。現在はBuroBRANDでプログラムマネジャーを務め、ビジュアルシンキング専門家として集団や組織が物事の組み立てやポイントを見出し、新たにアイデアを生み出せるよう支援しています。

ジョルジョットは若いころからずっと、人と人とのコミュニケーションの取り方に興味を抱き、矛盾と誤解を見抜く観察眼を持っていました。曇りのない明白なメッセージを言葉だけで伝えるのは容易ではありません。コミュニケーションが重要な役割を果たすビジネス環境においては、ペンを手にビジュアルの力を借りてストーリーを伝えるスキルは欠かせないものなのです。

批判的ならびに分析的思考力、幅広い関心を持つ彼女の願いは、物事の真相を解明し、いつの日かどうにかして世界をよりよい場所にすることです。

INGE DE FLUITER | インゲ・デ・フライター

インゲが目指すのは、暮らしや職場で創造性を発揮できるよう、人々に勇気と喜び、情熱を与えることです。専門はマーケティングとマネジメントで、スケッチ力を活かして大局的な視野から物事を俯瞰したり、使命を全うしたり、ビジョンを実現したりできるよう指導しています。

物心ついたころから彼女はいたずら描きやスケッチが大好きでした。絵によって頭や心のなかにある思考や思いを表現し、自分の周辺で起こっていることを理解していたのです。絵を想像力の源として、他人と共有できるパターンや道を明らかにしていくことを得意としています。

彼女にとってのビジュアルドゥーイングは、進むべき方向を本質的に教えてくれるものです。また、刺激的な仕事やおもしろい場所へと導き、人と知り合うきっかけにもなっています。

LAUT ROSENBAUM　│　ラウト・ローゼンバウム

ビジュアルドゥーイングは、洞察を見抜き、理解し、共有するのに役立ち、アイデアをより効果的に探り組み合わせることを可能にします。

アートの指導者であるラウトは戦略的な創造思考の持ち主で、複雑な課題に立ち向かうことを好んでいます。

戦略的な創造思考の才能を活かし、コンセプトやアイデアをもっと視覚的に伝えたいと願う企業や組織、政府機関、個人に助言やインスピレーションを与えています。ペンと紙、豊富な着想をもとにビジュアルを駆使し、曖昧なコンセプトを具体化して明確なアイデアへと変貌させることが得意です。問題の枠組みを探って解決を見出すことと、人の心に響くビジュアルやストーリーをともに生み出す能力にかけては、彼の右に出る者はいません。

ラウトはハーグ王立美術学院でコンセプト開発と視覚化について指導を行なっているほか、若者向けコース(School of Young Talent)では厳しい教師として知られており、才能豊かな学生たちを相手に、働き、考え、遊ぶための新しい方法とは何かを模索するよう鼓舞する日々を送っています。Buro BRANDでは、ビジネスで使える視覚化の手法やビジュアル・ストーリーテリングを指導し、視覚的思考力と実践力を引き出すお手伝いをしています。

7.4 | 本書ができあがるまで

多くの方々の力添えなくしては、本書はかたちにならなかったでしょう。

本書内のイラストはすべて、12.9インチのiPad ProにApple Pencilを使って描いたものです。

使用したのはアドビのアプリケーション「Illustrator Draw」です。iMacに導入しているグラフィックデザインソフト「Illustrator CC」にスケッチをアップロードするとすぐに表示されます。似顔絵はアドビのスケッチツール「Photoshop Sketch」を使って描いています。

本書ではウィリーマイン自身の手書き文字のほかに、以下のフォントを使用しています。

Montserrat
Helveticamazing
Open Sans
American typewriter
buroBRANDhandwriting

本書が完成したのは次のみなさんのおかげです!!

VISUAL DOING
仕事に役立つ、ビジュアル活用ガイド

2019年11月18日　初版第1刷発行

著者	ウィリーマイン・ブランド(Willemien Brand)
翻訳	遠藤康子

日本語版制作協力	カタギリショウタ
日本語版レイアウト	中西要介、根津小春(STUDIO PT.)　寺脇裕子
翻訳協力	株式会社トランネット
版権コーディネート	株式会社イングリッシュ エージェンシー ジャパン
日本語版編集	伊藤千紗

印刷・製本	シナノ印刷株式会社

発行人	上原哲郎
発行所	株式会社ビー・エヌ・エヌ新社
	〒150-0022 東京都渋谷区恵比寿南一丁目20番6号
	E-mail: info@bnn.co.jp　FAX: 03-5725-1511
	URL: www.bnn.co.jp

Printed in Japan

○本書の一部または全部について個人で使用するほかは、著作権法上、
株式会社ビー・エヌ・エヌ新社および著作権者の承諾を得ずに無断で複写・複製することは禁じられております。
○本書の内容に関するお問い合わせは弊社Webサイトから、またはお名前とご連絡先を明記のうえE-mailにてご連絡ください。
○乱丁本・落丁本はお取り替えいたします。
○定価はカバーに記載されております。

ISBN978-4-8025-1160-5